Depoimentos

Os autores nos brindam com uma série de histórias reais, que ilustram como desafios comumente enfrentados na gestão de projetos podem ser superados. Mesmos os profissionais mais experientes encontrarão lições valiosas, que poderão ser aplicadas a alguma situação prática vivenciada. Ao começar a ler uma das lições, não há como não terminar; além disso, fica o gostinho de quero mais, de repente a gente se pega já lendo a próxima. Leitura prazerosa e extremamente relevante, um daqueles livros que a gente começa a ler no avião (na ida) e já termina no voo da volta.

**Ricardo Mendonça, MBA, Recife (PE),
Desenvolvimento de Negócios do CESAR**

Sensacional! O livro trata de um assunto extremamente importante, porém e infelizmente muito pouco usado nos projetos, "Lições Aprendidas". Se você quer ter mais sucesso em seus projetos, precisa aprender através das lições dos seus projetos ou dos projetos dos outros. O livro traz 40 Lições Aprendidas de projetos reais, que o ajudarão a fazer da maneira certa, aprendendo com os erros e os acertos dos outros. Apesar da larga experiência em projetos, as Lições Aprendidas do livro estão ajudando a resolver os problemas dos meus projetos.

Eduardo Montes, PMP®, http://escritoriodeprojetos.com.br

Uma obra que estimula e ensina um grande desafio, não apenas nos dias de hoje, mas sempre: aprender a desaprender. Lições Aprendidas em projetos possui esse preceito filosófico sobre conhecimentos. Caro leitor, um ótimo livro para nos ajudar a quebrar paradigmas e melhorar nossas ações e atitudes em projetos. Aos autores, nos ajudando a desaprender, a aprender, a mudar e a crescer. Parabéns, amigos.

Prof. Dr. Ovidio Felippe Pereira da Silva Jr., Itajaí (SC), UNIVALI

Combinando vasta experiência em gestão de projetos e habilidade para uma escrita concisa, inteligente e fluída, os autores nos surpreendem com esta obra-prima. Ao abordarem um espectro abrangente de casos, todos de muito valor, nos identificamos com cada um, fazendo-nos refletir em profundidade sobre a importância do tema Lições Aprendidas. Um livro indispensável para a excelência na gestão de *stakeholders*.

Antonio Alfredo Malagutti, PMP®, Americana (SP), Ci&T

Excelente! Leve e didático. A ideia do livro é muito interessante, pois, além de apresentar a importância, conceitos e técnicas para captura, registro e disponibilização das Lições Aprendidas, conteúdo muito pouco abordado na literatura, ainda traz 40 histórias recheadas de exemplos, experiências, humor e, principalmente, aprendizado. É um livro de grande utilidade tanto para professores de gerenciamento de projetos, que poderão utilizar estes ensinamentos, como conteúdo e exemplos em sala de aula, quanto para qualquer profissional de Gerenciamento de Projetos, que pretende instituir as Lições Aprendidas no cotidiano dos seus projetos.

Emílio Augusto Barbosa, PMP®, Vitória (ES), Infosis Consultoria e Sistemas

Esta publicação, de autoria de dois experientes profissionais em gerenciamento de projetos, traz o relato de suas vivências por meio de Lições Aprendidas, adquiridas em projetos de diversos tipos e portes, realizados com *stakeholders* de diferentes culturas. Tais práticas são expostas com o objetivo de servirem de inspiração e modelo para o leitor, que pode utilizá-las em situações do seu cotidiano, uma vez que demonstram ser possível conciliar a teoria e a prática para obter resultados eficazes.

Maxwell Arcanjo Maciel, PMP®, CBPP® Curitiba (PR), Smart CG

Não é necessariamente o que as organizações fazem, mas como fazem que as tornam bem-sucedidas em projetos transformacionais. Este é um livro que evidencia como nós, gerentes de projetos, precisamos melhorar nossa execução para obter melhores resultados, refletindo de modo abrangente sobre situações reais vividas no passado, e trazendo ideias e análises esclarecedoras para uma melhor *performance* futura. Sem dizer que é impossível não se identificar com alguma (ou algumas) das 40 histórias contidas no livro!

Vivian Muniz, Portfolio & Project Management Consulting, São Paulo (SP), PwC Brasil

Lessons Learned em gerência de projetos é leitura obrigatória para diretores, gerentes e interessados em projetos. Afinal, quem não quer aprender para ter um "projeto de vida" cheio de resultados. Armando e Anderson, dois mestres do assunto, trazem mais que um excelente conteúdo para aprendizagem. Eles nos brindam com histórias reais, trazendo reflexões e até mesmo alguns sorrisos, que refazem nossas memórias pela semelhança ou podem ser novas fontes de experiência para a chave do sucesso em momentos decisivos.

**Marcelo Laranjeira, PMP®, COBIT®, ITIL®, Black Belt,
Brasília (DF), IBM Brasil**

Esta publicação mergulha fundo no conceito de Lições Aprendidas em projetos. Além de detalhar as formas de captura, registro e divulgação das Lições Aprendidas, apresenta diversos casos reais, alguns divertidos, outros dramáticos, mas muitos deles familiares, baseados em nossas experiências. De fácil leitura, conjugando a parte teórica com estes casos práticos, é um guia muito útil para jovens e experientes profissionais de projetos e que poderá contribuir, e muito, para o sucesso de nossos futuros projetos.

Marcello Mirilli Rolo, MBA, PMP®, Rio de Janeiro (RJ)

Surpreendente! Uma leitura agradável, clara e precisa que aponta em cada experiência vivida uma oportunidade de aprendizado. O compartilhar dos "erros" e "acertos" nos relatos da realidade empiricamente observável se apresenta como grande contribuição para a prática cotidiana em gerenciamento de projetos.

**Profa. Dra. Marcelina Teruko Fujii Maschio, Campo Grande (MS),
Pró-Reitora de Ensino e Pós-Graduação do Instituto Federal de
Educação, Ciência e Tecnologia de Mato Grosso do Sul (IFMS)**

Aprender com os acertos e os erros dos profissionais que atuam na área é o que deixa o gerenciamento de projetos tão dinâmico: sempre há melhores maneiras de fazer e sempre há muito que aprender com o outro e com as nossas próprias experiências anteriores. Por isso, Lições Aprendidas são literalmente um "tesouro" a ser buscado e compartilhado. Este livro dos amigos Armando e Anderson é uma coletânea desses "tesouros", que, tenho certeza, ajudará a mim e a muitos profissionais da área.

Thiago Regal, PfMP®, PMP®, Porto Alegre (RS), PMI®-RS

LESSONS LEARNED

EM GERENCIAMENTO DE PROJETOS

ARMANDO TERRIBILI FILHO, **PMP**
ANDERSON ROBERTO GODZIKOWSKI, **PMP**

LESSONS LEARNED

EM GERENCIAMENTO DE PROJETOS

40 Lições aprendidas
CASOS REAIS

*M.*BOOKS

M.Books do Brasil Editora Ltda.

Rua Jorge Americano, 61 - Alto da Lapa
05083-130 - São Paulo - SP - Telefones: (11) 3645-0409/(11) 3645-0410
Fax: (11) 3832-0335 - e-mail: vendas@mbooks.com.br
www.mbooks.com.br

Dados de Catalogação na Publicação

TERRIBILI FILHO, Amando; GODZIKOWSKI, Anderson Roberto
Lessons Learned em Gerenciamento de Projetos: 40 Lições Aprendidas/ Armando Terribili Filho e Anderson Roberto Godzikowski
2015 – São Paulo – M.Books do Brasil Ltda.

1. Gerenciamentos de Projetos   2. Administração Estratégica   3. Negócios

ISBN: 978-85-7680-260-0

©2015 by Armando Terribili Filho e Anderson Roberto Godzikowski

Editor: Milton Mira de Assumpção Filho

Produção editorial: Lucimara Leal
Editoração: Crontec
Capa: Zuleika Iamashita

2015
Proibida a reprodução total ou parcial.
Os infratores serão punidos na forma da lei.
Direitos exclusivos cedidos à M.Books do Brasil Editora Ltda.

Dedicamos este livro aos protagonistas e participantes das 40 histórias, que por suas ações, intenções, decisões, intervenções, erros e acertos contribuíram para que este livro existisse.

Sumário

Nota sobre os autores.. 15

Prefácio 17

Agradecimentos... 21

Introdução.. 27

PRIMEIRA PARTE
Lições Aprendidas: conceito, captura, disponibilização e uso 33
1. Conceito de Lições Aprendidas (*Lessons Learned*) no Guia PMBOK® do PMI®..... 34
2. A expressão Lições Aprendidas 36
3. Pesquisa no Brasil 36
4. Classificação das informações contidas nas Lições Aprendidas 37
5. A base de conhecimento de uma organização 38
6. O tripé da gestão do conhecimento 40
7. Para que servem as Lições Aprendidas em uma organização? 40
8. Gerenciamento das Lições Aprendidas 41
   8.1 Captura e registro das Lições Aprendidas.. 42
   8.2 Registros das Informações Históricas de um projeto........................ 43
   8.3 Lições Aprendidas: Acesso e divulgação 44
9. Conteúdo sugerido das Lições Aprendidas e Informações Históricas 44
   9.1 Lição Aprendida 45
   9.2 Informações Históricas (síntese de projeto ou de fase de projeto) 45

SEGUNDA PARTE
40 Lições Aprendidas 47

Lição 1   Premiação, sim. Socialização, não! 49

Lição 2   *Centralized server*.. 55

Lição 3   Demitir: respeito humano não basta, há técnicas 59

Lição 4   Transforme o inimigo de seu projeto em aliado 63

Lição 5	Uma analogia bem feita vale mais que mil *slides*	69
Lição 6	Organizar projetos: uma receita para um novo PMO	73
Lição 7	Sucesso com equipes virtuais: além da comunicação	77
Lição 8	Respeite a cultura da organização, suas imagens, bandeiras e brasões	83
Lição 9	Imprevistos impactantes em viagens, facilmente evitáveis	87
Lição 10	Uma ata de reunião não precisa ser um "samba-enredo"	91
Lição 11	O presidente da empresa pergunta: "Como está o projeto?"	95
Lição 12	Projeto Pronto. Próxima fase: projeto pronto, mesmo!	99
Lição 13	Respeitando inibições, limitações e restrições pessoais	103
Lição 14	Quando a autoestima da equipe compromete o desempenho	107
Lição 15	A importância do patrocinador (*sponsor*) no sucesso de um projeto	111
Lição 16	*Templates* podem comprometer a credibilidade	115
Lição 17	A Hora H do Dia D	119
Lição 18	Além de gerenciamento e técnica é preciso coragem	123
Lição 19	Autoridade ou carisma?	127
Lição 20	Atenção, passageiros: apertem os cintos, o projeto sumiu	131
Lição 21	Mobilizar a instituição, por meio de benefícios aos alunos	135
Lição 22	*Template*, porém pense!	141
Lição 23	Tudo ao mesmo tempo? Agora?	145
Lição 24	Onde está o risco?	149
Lição 25	O agradecimento que ultrapassou os limites do projeto	153
Lição 26	*Quality Assurance:* a qualidade ampliada	157
Lição 27	O verdadeiro líder é menor que o seu projeto	163
Lição 28	*Casual Day, pero no mucho*	167
Lição 29	Cronogramas brasileiros	171
Lição 30	Nada é tão novo, nada é tão velho	175
Lição 31	Na guerra, o soldado dorme de coturno e fardado	179
Lição 32	Na era de "compartilhar", pergunta-se: até hotel?	183

Sumário • 13

Lição 33 A Gestão de Mudanças dos outros é refresco!................................189

Lição 34 O primeiro projeto a gente sempre esquece................................193

Lição 35 Queimem os navios!..195

Lição 36 Jantares a clientes: padrão comercial, persuasão ou antiética?...........199

Lição 37 Pessoas incomparáveis, projetos inesquecíveis................................203

Lição 38 Atrasos, atrasos, negócios à parte................................207

Lição 39 Respire o projeto, mas não deixe de respirar................................211

Lição 40 As dinâmicas são indispensáveis no processo construtivo.................215

Apêndice: Centro de Documentação de Projetos................................221

Referências..229

Índice Remissivo..233

Nota sobre os autores

Armando Terribili Filho

Doutor e pós-doutor em Educação pela Universidade Estadual Paulista (UNESP) *campus* de Marília (SP) e mestre em Administração de Empresas pelo Centro Universitário Alvares Penteado (FECAP), em São Paulo. Graduado em Matemática pela Fundação Santo André, com ênfase em Tecnologia da Informação. É professor em cursos de pós-graduação da UNIVALI (SC) e ESIC de Curitiba (PR). Professor convidados em instituições como SENAC, no Estado de São Paulo, Universidade São Judas Tadeu, FATEB e outras.

É diretor executivo da IMPARIAMO Cursos e Consultoria. Trabalhou na Unisys Brasil por 26 anos e em outras empresas, como Alcan, Coca-Cola (Spal), J.W. Thompson e Copebrás. Como diretor de projetos na Unisys, foi certificado nos Estados Unidos como *Black Belt*, atuando no programa *Six Sigma Lean*, gerenciando projetos internacionais. Foi professor titular doutor da FAAP na Faculdade de Administração, no MBA e na pós-graduação, tendo atuado por mais de dez anos na instituição.

Tem publicações científicas nos Estados Unidos, Portugal, Itália, Espanha, Argentina, Colômbia, Costa Rica, México e Brasil, além de publicações na *Gazeta Mercantil*, *Info Corporate*, *Jornal da Tarde*, *Jornal de Brasília*, *Jornal do Comércio*, *Qualimetria FAAP*, *Revista Cidades do Brasil*, *Revista Brasileira* de *Política e Administração da Educação* (RBPAE), *Revista Ensaio* da Fundação Cesgranrio, *Revista Mundo Project Management* e *Valor*

Econômico. Foi palestrante na Ciudad de Panamá. Detém as certificações *Project Management Professional* (PMP®) do PMI® desde 2003 e ITIL.

Articulista do site Meta Análise na área de Gerenciamento de Projetos. Autor dos livros: *Indicadores de Gerenciamento de Projetos: monitoração contínua* (M.Books, 2010), *Gerenciamento de Projetos em 7 passos: uma abordagem prática* (M.Books, 2011) e *Gerenciamento dos Custos em Projetos* (Elsevier, 2014), da coleção Grandes Especialistas Brasileiros em Gerenciamento de Projetos. É também coautor do livro *Ensino Superior Noturno: problemas, perspectivas e propostas* (M3T, 2009).

Anderson Roberto Godzikowski

Desde 2009 é empreendedor e diretor de projetos da SMART Consulting Group. É também professor de cursos de MBA e pós-graduação em Gerenciamento de Projetos.

Possui mais de 17 anos de prática em projetos de portes diversificados, atuando em empresas como PwC e Unisys, tendo gerenciado mudanças e transformações em empresas de vários setores e diferentes culturas: educação, hospitalar, indústrias de manufatura e alimentos, marketing, P&D, logística, tecnologia da informação, serviços, finanças e tributos, em dezenas de cidades brasileiras, totalizando um portfólio de investimentos gerenciado superior a R$ 500 milhões.

É administrador, pós-graduado em Gestão de TI, com MBA internacional em Gerenciamento de Projetos. Possui a certificação *Project Management Professional* (PMP®) e, também, certificações nos Sistemas de Gestão Empresarial (ERPs) SAP, Oracle, JDEdwards e Microsoft Dynamics.

Desde 2009, é voluntário do PMI® (*Project Management Institute*) em diferentes Estados. É também voluntário da ABPMP® (*Association of Business Process Management Professional*).

Prefácio

Executar projetos parece trivial, mas não é. É um assunto ao mesmo tempo dominado e desconhecido, pois todos fazemos projetos durante a vida e, cada um em seu nível, achamos que soubemos executá-los bem: viajar a Paris, pilotar uma motocicleta até a Patagônia, preparar um relatório para os clientes. Como não se repetem em condições comparáveis, todos os projetos parecem sempre terminar bem, mesmo quando algo resultou errado e precisou ser corrigido.

Contudo, observemos o que ocorre nas organizações, de acordo com uma respeitada instituição de pesquisa, a Gartner Group. Esta afirmou em estudo o quanto é difícil a boa execução de projetos, mesmo nas organizações de destaque em todo o mundo (Gartner Executive Programs, 2014, n. 4, "The 90% Club: winning the game before the team takes the field"): é digno de atenção que a taxa média de sucesso nas iniciativas e projetos esteja ao redor de 60%, e que apenas algumas organizações de alto desempenho chegam a 90%. Por que seria? As pessoas não diferem entre as empresas, na essência, o conhecimento técnico para execução já surgiu há muitos anos (podemos lembrar o PERT-CPM), além do constante aumento do poder computacional e da capacidade de armazenar e aproveitar o conhecimento gerado.

Por que isso ocorre? As organizações imitam nossas vidas, nelas coexistem atividades repetidas (processos), projetos com sequências já praticadas antes (construir uma nova fábrica no Brasil) e projetos com alto grau de incerteza por serem inovações (instalar uma filial da empresa na Ucrânia). Mesmo assim, o que explicaria 60% de sucesso em média? Uma parte da explicação reside na dificuldade de manter estruturas adequadas a ambas as abordagens, processos e projetos. Outra parte, pela falta de um planejamento empresarial claro a partir do qual se definem projetos com clareza nos resultados esperados, orçamentos e prioridades. E uma parte relevante decorre da deficiência de conhecimento prático pela falta de experiências vividas. Não há simulações em projetos. Pode-se fazer por tentativa e erro, que gerará conhecimento, mas aumentará custo e prazo.

O mundo ao redor de um projeto, considerando-se bens, pessoas e atividades, ignora que deveria obedecer ao que foi planejado e aos conceitos consolidados nos livros e mantém uma constante imprevisibilidade. As empresas podem produzir eficientemente em seus processos, mas precisam lidar com as mudanças, rupturas e inovações que o ambiente externo exige. São fatores contrapostos: estar capacitado para manter as atividades estáveis e eficientes no que é processo consolidado, mas desenvolver rápidas adaptações quando necessário, por meio de projetos.

Nos projetos de alta complexidade aparece a diferença entre o gestor de projetos e o executor de tarefas. Decidir fazer é fácil. Um exemplo é criar um filho: quando desejamos ter um, sabemos como iniciar e que da concepção até o nascimento devemos manter boas condições de desenvolvimento. Isso não garante o resultado que obteremos até a vida adulta, nem que o filho será feliz. Um filho, e isso fica claro ao se refletir sobre a vida, não é um processo, é um projeto. Mesmo quando se repete em um segundo ou terceiro filho, tudo muda todo o tempo.

Qual a receita para se ter sucesso nesse ambiente? Aprender "tudo" o que se conhece não é suficiente. Tal como decorar a Bíblia ou outro texto religioso não asseguraria uma vida feliz e correta, decorar o PMBOK® (do PMI®) não assegura um projeto de sucesso. É preciso praticar os princípios, refletir sobre as consequências das ações e mudar novamente o comportamento, sempre que resultar em desacordo com os bons princípios. Mas como a diversidade é grande, antecipar causas comuns de problemas, falhas, sucessos é um diferencial importante para o gestor de projetos. Como fazê-lo se não é possível contar com a experiência de projetos iguais nem com a observação do cotidiano, como se faria nos processos?

Uma resposta é obter a experiência que resulta no aprendizado por meio de histórias. Neste livro, os autores reúnem os elementos essenciais para obter sucesso em um projeto e recomendam como evitar pequenas e grandes causas de fracassos. Aprender pelo exemplo de situações do cotidiano, ocorridas a outros e analisadas pelos autores através de histórias, é um dos mais antigos e eficazes meios de adquirir e repassar conhecimento. A aprendizagem moldará o comportamento e as decisões naturalmente, pois ficará integrada na personalidade e memória subjetiva do gestor de projetos, mostrando valores e princípios que levam a um bom resultado, indicando o que já deu certo e o que evitar.

Acreditamos que esta obra presta um inestimável serviço ao sucesso de nossas organizações, pelo sucesso dos gestores de projetos. E ao sucesso pessoal desses gestores. Registra as experiências e as relata de um modo fácil de ler, como as histórias contadas em nossas conversas do cotidiano, acrescidas de lições que indelevelmente se incorporam ao nosso conhecimento e a nossa capacidade de gerar resultados em projetos.

PEDRO CARLOS CARMONA GALLEGO

Engenheiro, economista e mestre em Engenharia da Produção. Atua em Tecnologia e Gestão da Informação no Sistema Federação das Indústrias do Paraná (FIEP).

Agradecimentos

Armando Terribili Filho

Em primeiro lugar, agradeço à minha esposa Leila, mais que uma revisora de meus trabalhos, uma eterna incentivadora e companheira de viagem e de viagens.

Meu agradecimento aos meus três amigos Eduardos pela colaboração nos almoços, cafés e bate-papos: o paulista "de Lima Brito", o mineiro "Montes" (do Escritório de Projetos) e o naturalizado paranaense "Lammoglia Junior".

Gostaria também de agradecer a meus companheiros, cúmplices de tantas histórias: Janette Sakamoto, Cristiane Starke, Fatima Patz, Solange Gaglioti, o pessoal do pedal (Jorge Bonitão, Dalla Carmelo, Adauto, Sguerra, Bello e Spandri), a turma do grudadinho (Wagner, Catia, De Meo, Nancy e Otavio), o botafoguense Marcelo Mirilli Rolo; a vascaína Fátima Gaspar; os palmeirenses Michele D'Ambrosio, Abrahim Farah, Douglas Bellini, Geraldo Medaglia, André Ricardi e Orlando Tadeu Ferreira; os corinthianos (sempre em maioria) Gerson Ring, Fabio Barnes, Mario Correa da Fonseca Filho, Pedro Aznar, Ricardo Aldegheri, Audemir Loris, Emerson Piovezan e Lucio Rodrigues. Agradeço também aos santistas, parceiros de muitas comemorações e raras frustrações, Yutaka Hotta, Alfredo Salazar Acha e Wellington da Silva Santos.

Quanto aos novos amigos, alunos inesquecíveis, teria uma centena para mencionar e agradecer. Como o espaço é limitado, represento-os por meio de Marcelo Seri Fernandez, Mariana Murbach Belmonte da Silveira, Gabriella Pesce Eliezer, Thomas Egas Atanazio, Joana Curimba-ba, Claudio Giardino, Julia Fraga, Marcio Zaveri, Vagner Pontes (Chico), Carlos Attanazio, Marcos Terra, Raquel Mucciolo, Evaldo de Souza, Thiago Moresi Tieri e Neia Lehmkuhl Martinez.

Aos amigos professores, pela admiração que tenho, com quem tanto aprendi: Anna Camelo, Edivaldo de Fabio, Marco Aurélio Xavier Soares de Mello, Mauricio Andrade de Paula, Ovidio Felippe Pereira da Silva Jr., Paula Pereda, Raphael Abino, Sonia Garcia e Wagner Xavier.

Agradeço ao pessoal da M.Books (Milton Mira de Assumpção Filho, Claudete Margarotti, Lucimara Leal, Sheylla Alves, Stephanie Silva e Silas Camargo – *in memoriam*), aos amigos voluntários do PMI® – capítulo Paraná (Marcos Schaefer, Rafael Kaminagakuba, Sérgio Martines e Vinícius Araújo) e às pessoas que encaram a vida de maneira ímpar que sempre nos ensinam, meus filhos Leonardo e Bruna, minhas irmãs, meus sobrinhos Cinthia, Gabriella, Juliana, Júnior, Lucas, Marcio, Renato e Valeska. Imperdoável seria se me esquecesse da criativa Sandra Rodriguero, do parceiro Fabio Baldini, dos amigos sempre bem--humorados Darcy e Fabio, do inovador Thiago Ayres, do determinado Guilherme Fortes, da poetisa Leila Lorusso, do competente Gianfranco Muncinelli, da autêntica Claudia Simão, do líder Mauricio Mallmann, do exemplar Marcelo Carvalho Martins, do construtivista Thiago Bertucci, do persistente Marcel Wachowicz e do professor de vida e amigo de todas as horas André Luis Nadjarian.

Ao Godzikowski, companheiro desta emocionante jornada, agradeço pela confiança e pela amizade!

Anderson Roberto Godzikowski

Agradeço primeiramente a Deus, amigo e alicerce, que renova a cada manhã meus sentidos mais amplos de acordo com o Seu projeto maior.

A minha esposa, Kauane, mulher que engrandece nosso lar ("seja em Brasília ou aqui...") pela sustentação, companheirismo e apoio que me fazem vencer projetos e, todos os dias, ter o prazer de voltar para casa ("voltar com a maré, sem se distrair"...). À minha filha, Ana Julia, que me fez ser melhor como pessoa, por me fazer Pai. Por ser uma filha "HOBIC" (humilde, obediente, boa gente, inteligente e de caráter). Companheira de tudo e até das longas noites para escrever este livro!

Aos meus pais, Edson e Rosane, que me colocaram desde os 14 anos no caminho do trabalho sem pedir nada em troca. Por me ensinar o valor do esforço, do estudo, de superar adversidades sempre com bom humor.

Aos vovôs Ernestina e Tadeu, pela referência de trabalho sempre, por ensinar na prática o que é "Nunca desista!".

À vovó Niva, por romper seu tempo, sendo diferente, e por me colocar no rumo do trabalho.

A todo time da SMART, minha segunda família, especialmente ao Jorge Sanchez pelo companheirismo, ombro a ombro, aprendizado diário (e bem cedo!) e ao Maxwell Arcanjo (amigo certo dos projetos incertos!).

Aos líderes, mentores, parceiros, clientes e amigos, exemplos que me fazem continuamente aprender: Abrahim Farah, Adriana Lima, Ariel Ribeiro Costa, Augusto Ademir Kulevicz Junior, Celso Breve, Claudio Soutto, Clecio Chiamulera, Daniele Andreatta Vieira, Dayse Rauchbach, Douglas Borges Oliveira, Eduardo Lammoglia Jr., Eidi Chikude, Fabio Campos, Fabio Felizatti, Frank Tavares, Gabriele Sabino, Humberto Martins, Irineu Roveda, Jhonny Alex Bucher, Johann Froese, Juan Garcia, Leonardo Leonel, Luis Ponzoni, Manuel Rodrigues, Marcelo Aggio, Marcelo Carvalho Martins, Marcelo Costa, Marcelo Laranjeira, Marco Ferreira, Marco Martino, Marcos e Marcio Marcatto, Michelly Gonçalves, Monica Bryson, Nilton Alves Fernandes, Ovidio Felippe Jr., Pedro Carmona, Ricardo Nobile, Ricardo Viana Vargas, Rodrigo Gallego, Sandro Tavares, Sergio Gamo, Simone Loureiro, Thiago Ayres, Vivian Muniz e, saudosamente, Wagner Ribeiro (você tinha que estar aqui!).

Ao Terribili, pela paciência e incentivos desde sempre!

Teoria e prática: duas faces da mesma
moeda – o conhecimento humano.

(Autor desconhecido)

Introdução

A expressão *Lessons Learned* (Lições Aprendidas) é usual na área de Gerenciamento de Projetos, mas não é exclusiva. Se por um lado, a importância das *Lessons Learned* é amplamente divulgada em cursos, palestras e artigos; por outro, nossa experiência prática permite afirmar que pouco uso efetivo se faz delas.

Saber o que deu certo nos projetos e procurar replicar esses acertos em outros projetos, ou saber o que falhou em determinados projetos e procurar evitar a ocorrência dos mesmos erros, tem uma ligação íntima com gestão do conhecimento e com *benchmarking* interno.

Considerando os benefícios das *Lessons Learned*, pergunta-se: por que são tão pouco utilizadas? As *Lessons Learned* expõem os profissionais da organização e seus erros passados? Falta tempo para registrá-las? A atividade de registrar é burocrática? Não é sistematizada? Os sistemas de informação não são amigáveis para o registro e a recuperação das *Lessons Learned?* As *Lessons Learned* se desatualizam rapidamente ou gostamos de "reinventar a roda" o tempo todo? Há dificuldades em se estabelecer um padrão (fácil) para registrá-las? As informações das *Lessons Learned* são confidenciais e não devem se tornar públicas na organização? As *Lessons Learned* não deveriam ser capturadas a qualquer momento de um projeto?

Com este livro, esperamos conseguir responder a essas questões e com nossas 40 *Lessons Learned* mostrar quantos erros podem ser evitados e quantos acertos podem ser replicados ou, até mesmo, potencializados em seus projetos. Procuramos, também, apresentar de modo objetivo como tornar, na organização em que você atua, o "registro" e as "consultas" às *Lessons Learned* um "hábito saudável" de todos os envolvidos no gerenciamento de projetos.

Neste contexto, nasceu a proposta de escrevermos um livro com esse objetivo, uma vez que tínhamos de forma isolada a ideia alinhavada em nossas mentes. Nós pretendíamos registrar os "causos" e compartilhá-los com estudantes, profissionais de mercado e amigos, como forma de colaborar com a área de gerenciamento de projetos. O fato de termos experiências profissionais e pessoais distintas, de sermos de diferentes gerações, de termos conhecimento/habilidades complementares e, também, valores pessoais particulares à nossa educação familiar, fez com que isso se acumulasse em práticas profissionais consistentes com as estratégias das organizações, porém, tendo como balizadores principais o respeito às pessoas, a ética e o caráter.

Está ansioso para começar sua leitura? Isso é um bom sinal, pois demonstra seu interesse e motivação em aprender; todavia, recomendamos que você leia antes nossos 10 lembretes.

Lembrete 1 – Fatos e dados verídicos com uma "pitada de ficção"

As histórias apresentadas neste livro são verídicas e foram vivenciadas por um dos autores ou por pessoas próximas a um deles. Evidentemente, os nomes, as características e alguns detalhes foram intencionalmente omitidos ou trocados, para que nenhuma organização ou pessoa fosse identificada. Em geral, há um lado folclórico e até mesmo regional em algumas lições, que pode ter viés cômico, emocional ou técnico.

Lembrete 2 – Sem intenção de expor pessoas ou organizações

Não foi intenção dos autores deste livro expor qualquer pessoa ou organização; pelo contrário, temos de agradecer aos protagonistas das histórias, pois o registro da vivência de centenas de profissionais possibilitou que organizássemos estas histórias, que têm como objetivo primário contribuir com a área de gerenciamento de projetos no país e com a qualificação dos profissionais. Assim, os protagonistas são nossos colaboradores, por isso, todos nós (autores e leitores) devemos agradecer pela valiosa contribuição.

Lembrete 3 – As *Lessons Learned* apresentadas têm uma estrutura padrão
As histórias são apresentadas no formato de narrativas e ao final apresentamos uma síntese da lição, na seção "Para registro", que busca responder, sempre quando possível, quatro questões básicas visando à retenção da informação. As questões são:

- O que deu certo?
- Como aplicar em outros projetos?
- O que deu errado?
- Como evitar novas ocorrências?

Adicionalmente, apresentamos algumas palavras-chave que são os termos que indicam os principais conceitos abordados na lição. Para facilitar a recuperação da informação, essas palavras foram incluídas no Índice Remissivo.

Lembrete 4 – As lições podem ser lidas em qualquer sequência
As lições são independentes e podem ser lidas em qualquer sequência, de acordo com o interesse do leitor. Embora sejam numeradas, isso não representa nenhuma condição temporal de ocorrência.

Lembrete 5 – Uso de siglas e língua inglesa
No livro, são utilizados siglas e termos de língua inglesa, usuais para profissionais de algumas áreas de atuação; todavia, visando ao entendimento amplo, procuramos descrever as siglas e traduzir os termos em inglês de modo prático para que não haja interrupção nas leituras. Como as lições podem ser lidas em qualquer sequência, a descrição de algumas siglas e a tradução de alguns termos em inglês podem se tornar repetitivos.

Lembrete 6 – O gênero do gerente de projetos
Adotamos o artigo masculino "o" por mera convenção, mas evidentemente sabemos da representativa e importante presença feminina na área de gerenciamento de projetos.

Lembrete 7 – Índice remissivo ao final do livro
Ao final do livro é apresentado um índice remissivo ordenado por palavra-chave, que permite identificar/resgatar a(s) lição(ões) aprendida(s) relacionada(s) ao tema pesquisado pelo leitor.

Lembrete 8 – O autor de cada Lição Aprendida não é identificado

Não identificamos o autor de cada história apresentada, pois as revisões efetuadas pelo parceiro objetivou eliminar o eventual caráter de pessoalidade na história, aumentando, deste modo, a confidencialidade dos protagonistas das lições.

Lembrete 9 – Guia PMBOK®

Apresentamos no Quadro 1 a distribuição das lições por tema do *Project Management Body of Knowledge* (Guia PMBOK®), ou seja, embora uma mesma lição contemple diversos assuntos, optamos por apresentar um tema dominante.

Quadro 1 – Distribuição das 40 Lições Aprendidas por tema dominante

Tema principal	*Lessons Learned*
Gerenciamento da Integração	12 e 15
Gerenciamento do Escopo	22
Gerenciamento do Tempo	18, 29, 30 e 38
Gerenciamento dos Custos	9
Gerenciamento da Qualidade	16, 26 e 40
Gerenciamento dos Recursos Humanos	1, 3, 4, 7, 8, 13, 14, 25, 27, 28, 35 e 37
Gerenciamento das Comunicações	2, 5, 10 e 19
Gerenciamento dos Riscos	20, 24 e 32
Gerenciamento das Aquisições	36
Gerenciamento das Partes Interessadas	11, 17, 31, 34 e 39
Processos	21
Gestão de Mudanças	23 e 33
Estruturação de PMO (Escritório de Projetos)	6

Lembrete 10 – Histórias e conceitos sempre presentes

Há histórias mais conceituais e outras com mais "causos" contados. Essa mescla visa transmitir, de forma simples, um conjunto consistente de teoria e prática. Vejamos um exemplo de "causo", que trouxe um impacto financeiro ao projeto com custo não previsto. São histórias como a que é apresentada a seguir que você encontrará no livro, com nossas avaliações e comentários, propiciando sua reflexão acerca da situação.

Um projeto de longo prazo em uma montadora de veículos na região do ABC paulista tinha um técnico residente na empresa, que atendia a um conjunto significativo de máquinas, equipamentos e controles eletrônicos espalhados por toda a planta fabril. Considerando a extensão do local, o técnico se locomovia com seu veículo próprio. Iniciado o projeto, o cliente, embora reconhecendo a notória capacidade técnica do profissional, solicitou sua substituição sob alegação que o mesmo circulava pelas instalações da montadora com veículo de um concorrente, o que não era adequado segundo os valores da empresa. Desta forma, poder-se-ia substituir o técnico por outro que tivesse veículo fabricado pela montadora; no entanto, isso não era razoável, pois a qualquer momento, o novo técnico poderia trocar de carro. A opção da contratada foi alugar mensalmente um veículo fabricado pela montadora e disponibilizá-lo ao funcionário; ou seja, houve um custo de execução não previsto no planejamento do projeto, porém, tendo sido respeitados os valores do cliente e a opinião pessoal do profissional.

Boa leitura a todos!

ARMANDO TERRIBILI FILHO, PMP®
ANDERSON ROBERTO GODZIKOWSKI, PMP®

PRIMEIRA PARTE

Lições Aprendidas: conceito, captura, disponibilização e uso

1. Conceito de Lições Aprendidas (*Lessons Learned*) no Guia PMBOK® do PMI®

O *Project Management Body of Knowledge* (Guia PMBOK®), que é publicado pelo PMI® (*Project Management Institute*), é, indiscutivelmente, a maior referência mundial em gerenciamento de projetos. O Guia PMBOK® é um conjunto de processos e práticas na área; entretanto, não se constitui em uma metodologia. O guia está disponível em inglês e em outros nove idiomas: alemão, chinês, coreano, espanhol, francês, italiano, japonês, português e russo.

O conceito de Lições Aprendidas apresentado no glossário do Guia PMBOK® (PMI®, 2013, p. 550) é "o conhecimento adquirido durante um projeto que mostra como os eventos foram abordados ou devem ser abordados no futuro, com o objetivo de melhorar o desempenho futuro", tem implícito três vetores: "evidenciar o erro, para não se errar novamente", "evidenciar o erro, mostrando como pode ser solucionado" e "mostrar o que deu certo, para potencializar o acerto".

O embrião do Guia PMBOK® surgiu em 1983 com seis áreas de conhecimento: gerenciamento do escopo, tempo, custos, qualidade, recursos humanos e comunicação. Em 1986, uma versão revisada incluía o gerenciamento das aquisições e de riscos. Mas, somente em 1987 surgiu sua primeira versão oficial. As edições seguintes foram lançadas em 2000, 2004, 2008 e 2013, respectivamente, segunda, terceira, quarta e quinta edição. Em cada nova edição, são efetuadas novas implementações nos conteúdos, são realizadas revisões na abordagem e melhorias; por isso, o Guia PMBOK® é um instrumento vivo, que está sempre sendo atualizado.

A quinta edição do Guia PMBOK® contém dez disciplinas: gerenciamento da integração, do escopo, do tempo, de custos, da qualidade, dos recursos humanos, da comunicação, dos riscos, das aquisições e das partes interessadas. São 47 processos, distribuídos por cinco grupos de processos: de iniciação, de planejamento, de execução, de monitoramento/controle e de encerramento. Cada processo contém "entradas", "técnicas e ferramentas" e "saídas". A Tabela 1, a seguir, mostra a distribuição dos processos pelas áreas de conhecimento e grupos.

Tabela 1 – Distribuição dos processos do Guia PMBOK® por Área de Conhecimento e Grupo de Processos

Área de Conhecimento	Grupo de Processos					Total
	Iniciação	Planejamento	Execução	Monitoramento e controle	Encerramento	
Gerenciamento da Integração	1	1	1	2	1	6
Gerenciamento do Escopo		4		2		6
Gerenciamento do Tempo		6		1		7
Gerenciamento dos Custos		3		1		4
Gerenciamento da Qualidade		1	1	1		3
Gerenciamento dos Recursos Humanos		1	3			4
Gerenciamento da Comunicação		1	1	1		3
Gerenciamento dos Riscos		5		1		6
Gerenciamento das Aquisições		1	1	1	1	4
Gerenciamento das Partes Interessadas	1	1	1	1		4
Total de processos	2	24	8	11	2	47

Fonte: adaptado de PMI® (2013).

2. A expressão "Lições Aprendidas"

A expressão "Lições Aprendidas" aparece 76 vezes no Guia PMBOK® (5ª edição, 2013, versão em português). Isso mesmo! 76 vezes! Isso é um indicativo da importância das Lições Aprendidas no gerenciamento de projetos. Para os estudiosos do Guia PMBOK®, as Lições Aprendidas fazem parte dos Ativos de Processos Organizacionais, que também incluem as políticas da organização, os procedimentos, os processos, os modelos e as bases de conhecimento específicas da organização (Lições Aprendidas e Informações Históricas).

Dos 47 processos, o item "Ativos de Processos Organizacionais", que incluem as Lições Aprendidas, aparece em 43 processos, estando presente nas dez áreas do conhecimento. Este item aparece como "entrada" nos dois processos do grupo Iniciação e em 92% dos processos de Planejamento (22 dos 24 processos), evidenciando a importância das Lições Aprendidas e das Informações Históricas no planejamento dos projetos.[1]

Como "saída" nos processos do Guia PMBOK®, este item está presente em 4 dos 8 processos do grupo Execução, em 8 dos 11 processos do grupo Monitoramento/Controle e nos 2 processos de Encerramento. Esta qualificação de "saída" nos processos pode ser traduzida como a "alimentação" da base de conhecimento da organização.

3. Pesquisa no Brasil

A pesquisa conduzida pelos *chapters* (capítulos) do PMI® em 2013 (PMSURVEY, 2013), que teve a participação de 676 organizações respondentes (públicas e privadas), das quais mais de 88% da participação é do nosso país, apontou para o item "utilização de ferramenta para a gestão (armazenamento e recuperação) do conhecimento adquirido em projetos":

- 28% – utilizamos
- 55% – não utilizamos, mas pretendemos utilizar
- 17% – não utilizamos e não pretendemos utilizar

---

[1] Os dois únicos processos de planejamento que não contêm "Ativos de Processos Organizacionais" como entrada são: 5.2 (coletar os requisitos) e 11.5 (planejar as respostas aos riscos).

Os resultados apontam um baixo nível de utilização de ferramentas para a gestão do conhecimento adquirido em projetos (28%), porém uma forte intenção na adoção (55%). Deve-se destacar que uma ferramenta para armazenamento e recuperação das informações pode ser algo simples e com poucas funcionalidades, podendo sofisticar-se com o amadurecimento da gestão do conhecimento na organização.

4. Classificação das informações contidas nas Lições Aprendidas

A informação é considerada hoje nas organizações como um de seus mais importantes ativos, além de ser tida como um instrumento de gestão. Moresi (2001) apresenta como sendo polêmico o tema que discute o valor da informação comparado com outros recursos de uma organização. O mesmo autor classifica a informação em quatro níveis, em função de sua finalidade: informação sem interesse, informação potencial, informação mínima e informação crítica, de acordo com a Figura 1 a seguir.

Figura 1 – Classificação da informação segundo sua finalidade para a organização

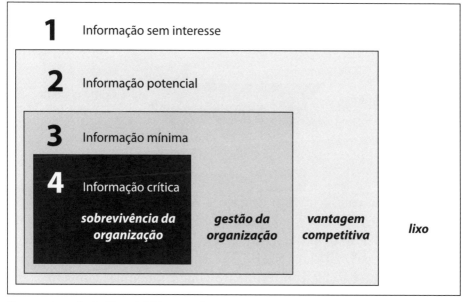

Fonte: adaptado de Moresi (2001, p. 112).

No caso das Lições Aprendidas, pode-se afirmar que a informação se encontra (no mínimo) no nível 2 – informação potencial (vantagem competitiva), embora grandes ou complexos projetos possam ter essas informações em níveis mais elevados de utilização: gestão e sobrevivência da organização.

5. A base de conhecimento de uma organização

O conhecimento de uma organização pode ser classificado em *tácito* e *explícito*. O conhecimento tácito é difícil de ser articulado na linguagem formal, pois é o conhecimento pessoal incorporado à experiência individual e envolve fatores intangíveis, como crenças e sistemas de valores; por outro lado, o conhecimento explícito é aquele que pode ser articulado na linguagem formal, podendo ser então, transmitido entre indivíduos (MORESI, 2001).

A base de conhecimento de uma organização é a transformação do conhecimento tácito em explícito, ou seja, a "externalização" expressa por meio de analogias, conceitos e modelos, conforme a Figura 2. Assim, a base de conhecimento de uma organização pode conter informações atuais e históricas, que apoiam os profissionais nas atividades de planejamento e de execução dos projetos.

Figura 2 – Conversão do Conhecimento

Fonte: adaptado de Moresi (2001).

A base de conhecimento de Lições Aprendidas é "um repositório de informações históricas e lições aprendidas sobre os resultados de decisões de seleção de projetos anteriores e do desempenho de projetos anteriores" (PMI®, 2013, p. 531).

Assim, esta base de conhecimento pode contemplar também as informações atuais de gerenciamento de projetos na organização, conforme a Figura 3.

Figura 3 – Base de Conhecimento

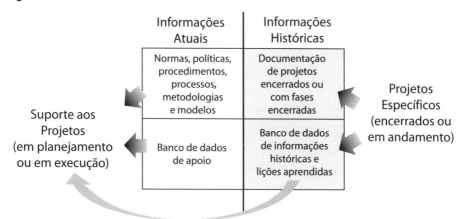

Fonte: Os autores.

Quanto às informações atuais, podem ser mencionadas:

- Normas, políticas, procedimentos, processos, metodologias e modelos de documentos utilizados na organização;
- Bancos de dados de apoio, como: custos de mão de obra, taxa de conversão de moeda, informações de mercado, etc.

Quanto às informações históricas, destacam-se:

- Documentação de projetos encerrados ou com fases encerradas (contratos, cronogramas, planos de gerenciamento de riscos, planos de comunicação, atas de reuniões, aceites formais, relatório de *status* ou de progresso, entre outros);
- Banco de dados de Informações Históricas e Lições Aprendidas (processos de seleção de projetos, desempenho dos projetos, indicadores, informações de atividades no projeto, soluções de problemas e erros, registros de causas de problemas e erros, etc.

Para a guarda de documentos (física e/ou eletrônica) recomenda-se a criação de um Centro de Documentação de Projetos. Sua implantação implica na realização de um planejamento, contemplando: as responsabilidades deste Centro, os volumes esperados ao longo do tempo, o espaço necessário, a localização, a mobília e os equipamentos, os sistemas de informação e os recursos humanos necessários à operacionalização do Centro, a definição dos principais processos operacionais e de gestão (guarda/armazenamento, consulta e controle). No Apêndice "Centro de Documentação de Projetos", há informações complementares acerca do planejamento e implantação de um Centro de Documentação. Deve-se destacar que, a cada dia, os documentos se tornam cada vez mais "digitais", com significativa redução de papel, cabendo, todavia, duas observações: (i) alguns documentos podem necessitar ser guardados em meio físico para fins legais, como: contratos com fornecedores e/ou clientes, aceites de projetos e atas de reunião que foram utilizadas como instrumento para mudança de escopo ou de critérios de aceite; (ii) mesmo que a maior parte seja eletrônica e controlada por sistemas de informação, a documentação de projetos encerrados exige controles e gestão.[2]

6. O tripé da gestão do conhecimento

A gestão do conhecimento tem três alicerces: informação, tecnologia e pessoas.

Informação é a transformação do conhecimento informal em conhecimento explícito. *Tecnologia* representa os sistemas de informação, por mais simples que sejam, para armazenamento e recuperação das informações. *Pessoas*, que geram e gerem as informações.

Sem qualquer um destes elementos (Informação, Tecnologia e Pessoas), a gestão do conhecimento não sobrevive nas organizações.

7. Para que servem as Lições Aprendidas em uma organização?

Uma base de dados na organização contendo as Lições Aprendidas tem inúmeras finalidades e possibilidades, entre elas:

- **Correção e melhoria de processos e procedimentos** – As Lições Aprendidas podem subsidiar correção de processos na organização, bem como a introdução de melhorias em processos, buscando agilidade, maior qualidade, ou mesmo, redução de

---

[2] Muitos controles de projetos podem ser feitos de forma eletrônica, por meio de ferramentas apropriadas e sistemas de informação de apoio ao gerenciamento de projetos. Há organizações que têm os contratos, termos de aceite e evidências de aprovação de planos exclusivamente na forma eletrônica, sem documento físico algum, por isso, a pasta de projetos é constituída na sua totalidade por arquivos eletrônicos.

custos. A importância deste item é que os benefícios obtidos impactarão "todos" os novos projetos da organização.

- **Apoio ao planejamento** – Com apoio das Informações Históricas de projetos, as Lições Aprendidas tornam-se um rico conjunto de informações para planejamento de novos projetos, seja nas estimativas de duração de atividades, de despesas de viagem, de problemas, causas e soluções, de riscos que ocorreram, etc.
- **Criação de *checklists* (listas de verificação)** – As informações contidas nas Lições Aprendidas podem amparar o desenvolvimento de *checklists*, quando problemas que ocorreram em projetos passados podem ser evitados em futuros projetos; todavia, a maior vantagem neste processo é a completude da lista de verificação. Por exemplo, na lista de itens a serem considerados nas despesas de viagens internacionais, além de hotel, hospedagem e locomoção, o *checklist* pode contemplar itens que tenham sido esquecidos em projetos anteriores, como: lavanderia, emissão de passaporte e de visto de entrada para determinados países, seguro saúde, taxas de saída em alguns países, etc.
- **Auxílio na solução de problemas pontuais** – Muitos problemas são recorrentes em projetos, por isso, as causas já analisadas e endereçadas precisam ser registradas, para que se evite o improdutivo, lento e custoso "reinventar a roda".
- **Utilização ampla** – As Lições Aprendidas podem ser utilizadas tanto para o planejamento de novos projetos quanto de fases futuras de projetos em andamento.

8. Gerenciamento das Lições Aprendidas

Cada organização deve ter uma política própria para acesso e divulgação das Lições Aprendidas. Em geral, essa é uma responsabilidade do PMO (Escritório de Projetos), pois define os processos de captura, registro, acesso e divulgação das informações.

8.1. Captura e registro das Lições Aprendidas

O dia a dia dos projetos consome a disponibilidade de tempo dos gerentes de projetos e de suas equipes, por isso, se a captura e o registro das Lições Aprendidas forem efetuados, exclusivamente, ao final do projeto ou de fase do projeto, é provável que muitas situações, que merecessem ser registradas, sejam esquecidas. Ademais, ao final de um projeto, muitas atividades já foram encerradas e muitos profissionais que participaram do projeto, certamente, já estão atuando em outras iniciativas. Dessa maneira, para evitar uma rápida "perda de memória", os registros das Lições Aprendidas devem ocorrer *durante todo o transcorrer do projeto.*

Obrigatoriamente, ao final do projeto ou de uma determinada fase, torna-se imperioso que os acertos e os erros sejam registrados de modo estruturado em Lições Aprendidas, podendo, inclusive, existir reuniões específicas para esse fim.

Outras fontes de captura de Lições Aprendidas são as auditorias e as revisões de qualidade em projetos, quando as boas práticas identificadas nesses processos podem ser compartilhadas na organização.

As Lições Aprendidas contêm informações que se sobrepõem aos aspectos técnicos de projetos, mas invadem questões estratégicas da organização e, por vezes, situações pessoais dos profissionais participantes dos projetos. Essas questões têm um forte componente de "confidencialidade". Dessa maneira, é imperioso que o registro das informações seja criterioso, de modo a não expor os profissionais, tampouco, revelar informações confidenciais da organização.

Stollenwerk (2001) explica que o processo de seleção e validação do conhecimento visa filtrá-lo, avaliar sua qualidade e sintetizá-lo para fins de aplicações futuras. Assim, as Lições Aprendidas externas à organização podem ser inseridas na sua base de conhecimento, desde que esse procedimento seja aceito na organização e os critérios de inserção estejam claramente definidos. A análise deve contemplar a consistência com a cultura organizacional e evitar a inclusão de materiais com fundo de publicidade disponíveis na Internet, mencionados como "casos de sucesso" de empresas de consultoria e de novos produtos. Por inúmeras razões, o "filtro" deve ser rigoroso e abordar: questionamentos à veracidade, falta de comprovação e documentação, possíveis interpretações equivocadas, ausência de detalhamento, entre outros.

8.2 Registros das Informações Históricas de um projeto

A consulta ao conjunto de documentos físicos e/ou eletrônicos de um projeto já realizado, para a busca de uma informação específica, pode ser trabalhosa e morosa. Por isso, recomenda-se a elaboração de uma síntese final de cada projeto executado.

Os principais pontos de registros são:

- **Identificação do projeto:** código e/ou nome do projeto, breve descritivo, gerente do projeto, etc.;
- **Ações preventivas, corretivas e controles**: que se mostraram eficientes diante de situações de problemas no projeto;
- **Riscos e respostas aos riscos:** os riscos que surgiram em projetos e as respostas dadas aos riscos, tornam-se um acervo de informações para o processo de seleção de projetos (*Go/No-go*) e para a elaboração do plano de gerenciamento de riscos dos futuros projetos;
- **Técnicas que funcionaram com sucesso:** com registros de informações úteis na escolha, planejamento e utilização das técnicas;
- **Indicadores**: quais indicadores de gerenciamento foram utilizados, sejam os de mercado ou os da própria organização (genéricos ou criados especificamente para o projeto). Por exemplo, quais foram o CPI e SPI finais do projeto. Tendo ocorrido desvios significativos em relação ao planejado, devem ser reportados os principais ofensores (causas dos desvios);[3]
- **Fatores de sucesso**: principais itens que conduziram o projeto ao atingimento dos resultados esperados.

8.3 Lições Aprendidas: Acesso e divulgação

Moresi (2001) ressalta que a disponibilização da informação deve satisfazer a três requisitos: (i) informação para a pessoa ou ao grupo correto; (ii) na hora certa e no local exato; e (iii) na forma correta.

O acesso às informações pode ser definido de acordo com o nível de responsabilidade dos profissionais. Quando se fala em "democratização das bases de conhecimento", isso não implica que "todos" devam ter acesso a "tudo" de forma incondicional, mas com amplitude definida por seu cargo/função na organização e no projeto.

---

[3] CPI (*Cost Performance Index*) representa o Índice de Desempenho de Custos (IDC). O SPI (*Schedule Performance Index*) é o Índice de Desempenho de Prazos (IDP). Como alerta, para projetos que terminam com atraso, o SPI será sempre 1,0; por isso, neste caso, há duas formas de se registrar o SPI final do projeto: (i) o SPI corrente quando do término do prazo previsto, ou (ii) quociente entre prazo previsto e prazo real.

A base de dados (repositório) que contém as Lições Aprendidas é do tipo "comunicação passiva" (grande volume de informações, para grandes públicos, quando os destinatários acessam as informações segundo seus critérios). Assim, não deve haver "divulgação" das Lições Aprendidas aos profissionais da organização, mas sim, "disponibilização" das informações. Exceto em condições de absoluta urgência e necessidade, as Lições Aprendidas não devem ser divulgadas no dia a dia, sob pena de saturar o processo de comunicação, tornando-se quantitativa e pouco concentrada nos objetivos dos projetos.

A comunicação, que pode (e deve) existir com frequência, reforça a importância de se realizar os "registros" das Lições Aprendidas na base de conhecimento, e também de estimular que as "consultas" sempre sejam realizadas nas etapas de planejamento de um projeto ou quando for conveniente a busca de uma solução para um problema específico.

Stollenwerk (2001) afirma que o uso da Tecnologia da Informação (TI) é vital para a disponibilização e o compartilhamento de conhecimento em larga escala, tornando-o acessível em qualquer lugar (*anywhere*) e a qualquer tempo (*anytime*).

9. Conteúdo sugerido das Lições Aprendidas e Informações Históricas

Cada organização tem seus critérios de conteúdo e formato nos seus registros históricos; todavia, como há organizações que ainda não têm uma definição clara de conteúdos a serem armazenados, apresenta-se como sugestão, uma lista de possíveis itens.

As Lições Aprendidas são pontuais e podem ser registradas a qualquer momento durante a vida de um projeto, sendo que cada projeto pode ter várias Lições Aprendidas. As Informações Históricas de projeto são, em geral, registradas ao final do projeto ou ao final de uma determinada fase do projeto.

Vejamos os conteúdos sugeridos, mas não limitados aos itens mencionados a seguir.

9.1 Lição Aprendida

Periodicidade de captura e registro: a qualquer momento e, obrigatoriamente, ao final do projeto ou de fase.

- Título da Lição Aprendida;
- Data do registro;
- Autor do registro;
- Avaliador/Aprovador;
- Sensibilidade da informação (P = Pública; G = Gerencial e E = Executiva);
- Nome do projeto;
- Gerente do projeto;
- Nome(s) do(s) profissional(is) diretamente envolvido(s) na Lição Aprendida.
- O que deu certo?
- Como aplicar em outros projetos?
- O que deu errado? (problema, impacto, causa-raiz e solução);
- Como evitar novas ocorrências?
- Ações (preventivas e corretivas) que merecem registro;
- Recomendações para projetos similares;
- Palavras-chave.

9.2 Informações Históricas (síntese de projeto ou de fase de projeto)

Periodicidade de captura e registro: ao final do projeto ou de fase.

- Identificação do projeto (código e/ou nome);
- Data do registro;
- Autor do registro;
- Avaliador/Aprovador;
- Sensibilidade da informação (P = Pública; G = Gerencial e E = Executiva);
- Gerente do projeto;
- Breve descritivo do projeto;
- Entregáveis, prazo e custo (planejado);
- Execução:
  - Indicadores;
  - O que se faria do mesmo modo?
  - O que se faria de modo diferente?
  - Recomendações para projetos similares;
  - *Checklists:* gestão do escopo, qualidade das entregas, custos, prazos, nível de satisfação do usuário/cliente, gestão

da equipe, apoio dos patrocinadores, fornecedores (aquisições), eventos inesperados (riscos) e comunicação. Nesses *checklists*, devem ser descritos apenas os itens que tiveram algum desvio significativo (para melhor ou para pior), registrando-os de maneira clara e sucinta;

- Palavras-chave.

Nota

Opcionalmente, pode-se registrar os pontos fortes e pontos fracos identificados no planejamento e/ou na execução do projeto. Para a elaboração desses registros, recomenda-se a realização de reuniões específicas com essa finalidade. Na metodologia Scrum, por exemplo, essas reuniões são chamadas de "reuniões retrospectivas".

Há organizações que realizam nessas reuniões uma Análise SWOT, que tem origem nas palavras inglesas *Strenghts*, *Weaknesses*, *Opportunities* e *Threats*, que representam: pontos fortes, fracos, oportunidades e ameaças do projeto.

É importante identificar quais serão os participantes desta reunião de encerramento de projeto ou de fase, uma vez que não há necessidade ou possibilidade da participação de todos. Para os profissionais que eventualmente não forem convidados, mas que atuaram no projeto, deve existir uma comunicação específica informando da realização da reunião e dos critérios para elaboração dos convites, para não criar melindres e, também, para que o profissional não se sinta desvalorizado.

Referências

MORESI, Eduardo Amadeu Dutra. Gestão da informação e do conhecimento. In: TARAPANOFF, Kira (Org.). *Inteligência organizacional e competitiva*. Brasília: UnB, 2001, pp.111-142.

PMI® – Project Management Institute. *Project Management Body of Knowledge* (PMBOK® Guide). 5. ed. Pennsylvania: Project Management Institute, 2013.

PMSURVEY. 2013 Edition. Estudo de *Benchmarking* em Gerenciamento de Projetos. Disponível em: <http://www.pmsurvey.org>. Acesso em: 30 set. 2014.

STOLLENWERK, Maria Fátima Ludovico. Gestão do conhecimento: conceitos e modelos. In: TARAPANOFF, Kira (Org.). *Inteligência organizacional e competitiva*. Brasília: UnB, 2001, pp.143-163.

SEGUNDA PARTE

40 Lições Aprendidas

LIÇÃO 1

Premiação, sim. Socialização, não!

Esta lição ocorreu em uma concorrência pública promovida por uma organização paulista, relativa à implantação de um abrangente sistema de gestão integrada, particularizado às necessidades da área de serviços públicos. A complexidade do projeto era imensa considerando a escassez de prazo imposta pela organização licitante para recebimento das propostas e, também, para a execução do projeto. Dessa maneira, deveria ser utilizado um pacote de mercado (*software*) com elevada quantidade de customizações e integração com outros sistemas existentes na organização; além disso, a solução deveria contemplar o dimensionado e o fornecimento da infraestrutura de *hardware* e *software*, dos serviços de migração de dados, do treinamento de usuários e da equipe técnica e, também, realizar o monitoramento do novo sistema e ajustes nos bancos de dados.

A fim de atender aos requisitos do edital, quatro empresas de origem estrangeira, porém, estabelecidas no país, formaram uma parceria, assim composta: a primeira, uma empresa alemã fornecedora do *software* aplicativo de gestão integrada; a segunda empresa, norte-americana fornecedora de *hardware* e *software*; a terceira, uma empresa portuguesa, que seria responsável pelos serviços de customização e de implantação da solução, e finalmente, a quarta empresa, de origem norte-americana, que deveria efetuar a migração dos dados do antigo sistema para o novo, desenvolver as integrações com outros sistemas e realizar o treinamento e a integração de todos os componentes do projeto. Como empresa integradora, esta última ficou sendo a responsável pela elaboração da proposta (coordenação geral).

A proposta englobava aspectos documentacionais (habilitação da empresa participante), atendimento aos requisitos técnicos e funcionais, e também a proposta comercial, incluindo: preços, garantias, serviços adicionais, fluxo financeiro de pagamento, etc. Foram então criadas três frentes de trabalho.

A primeira, para habilitação da empresa (criação de consórcio, registro, obtenção de atestados técnicos comprobatórios da realização de projetos similares, tradução juramentada para documentos escritos em outra língua que não a portuguesa, cópias de contratos sociais, de assembleias e de certidões negativas junto a órgãos municipais, estaduais e federais). Para tanto, uma equipe com três profissionais ficou responsável pela obtenção da documentação das empresas participantes, de atestados registrados e/ou traduzidos, certidões negativas dentro do prazo de validade, garantindo assim a habilitação das empresas participantes do consórcio e de suas associadas (as que participavam no certame, como subcontratadas do consórcio criado, e que eram previamente qualificadas).

Uma segunda equipe atuava na elaboração da proposta técnica, que contemplava a "resposta" a cada requisito solicitado no edital, bem como a preparação da documentação do aplicativo. Para cada item, a empresa participante deveria informar "como atenderia" ao requisito, associando como evidência a documentação pertinente. No caso de customização para o item, a informação era mais complexa, pois havia necessidade de explicar como seria efetuada, o esforço a ser despendido e o impacto geral. Essa equipe era formada por cerca de vinte profissionais, sendo 12 da empresa integradora, três da empresa fornecedora do aplicativo e cinco que vieram de Portugal para atuar na elaboração da proposta, quanto ao fornecimento de serviços de customização e implantação. Esse grupo era composto por especialistas no aplicativo, em banco de dados, em segurança da informação, em *Business Intelligence* (BI), em configurações de infraestrutura e análise de desempenho, além de apoio pontual de outros profissionais das quatro empresas. Evidentemente, alguns dedicavam-se em tempo integral, outros em tempo parcial e outros ainda atuavam pontualmente.

A terceira equipe (composta por seis profissionais) era multifuncional e tinha por objetivo manter o contato com o potencial cliente (elaborar e enviar os questionamentos à licitante, permitidos em tempo de concorrência), promover a integração das empresas participantes por meio de reuniões periódicas, bem como, promover a integração da equipe do projeto. Nessa equipe, estava o *Proposal Manager* (Gerente da Proposta), responsável e autoridade máxima no processo de elaboração da proposta em todas as suas dimensões.

A participação de cada profissional era clara, tendo sido criada uma Matriz de Responsabilidades para os entregáveis a serem gerados, com o objetivo de evitar qualquer lacuna ou sobreposição de responsabilidades. Foram mais de quatro meses de muito trabalho, após alguns adiamentos concedidos pelo Comitê de Licitação, frente aos pedidos das empresas participantes do certame. Esse período foi árduo e de muita tensão, atravessando o período das festas de final de ano. Com isso, profissionais iam/voltavam da Europa com novas informações e atestados, férias de verão não podiam ser planejadas, pois o momento era crítico e muitas pessoas permaneceram noites seguidas sem dormir para gerar os entregáveis em conformidade com o cronograma. Qualquer atraso comprometeria "todo" o processo, por isso, nenhum adiamento era aceitável, sob pena de eliminação da concorrência, perda de uma oportunidade ímpar e prejuízo do elevado investimento na elaboração da proposta: mão de obra, viagens, hospedagem, materiais, infraestrutura disponibilizada, etc.

Finalmente, chegou o dia da entrega. Documentação validada, proposta técnica apresentada em mais de dez volumes e proposta comercial condizente com o esforço planejado para o projeto. Foram meses de trabalho, de dedicação e de suor. Mais um mês de expectativa no processo de avaliação e, finalmente, a resposta: foi obtida a sonhada vitória!

O clima foi de estouros de champanhes e comemorações por alguns dias. O *Proposal Manager* solicitou premiação para todos os participantes do projeto, que eram da sua empresa, a integradora. Considerando a importância do negócio e a repercussão positiva no mercado, o processo de aprovação interna para premiação de vinte profissionais (equipe de habilitação, parte da equipe técnica e equipe multifuncional) foi sumário. Em menos de um dia, os prêmios, que englobavam uma compensação financeira e um certificado, estavam nas mãos dos participantes, incluindo uma cerimônia específica para este fim.

Quando se imaginou que todos ficariam felizes e se sentiriam recompensados pela premiação, surgiu o desconforto e a insatisfação daqueles que se dedicaram em período integral durante todo o processo, pois trabalharam arduamente por manhãs, tardes e noites contínuas; enquanto outros, que atuaram parcialmente ou de forma pontual, puderam sair de férias com seus familiares, desenvolveram atividades rotineiras em seu cotidiano e tiveram um baixo nível de compromisso com a vitória.

Independentemente do valor recebido na premiação e do texto contido no certificado, não se pode "socializar" uma premiação, que deve ser consistente com a responsabilidade e com o desempenho de cada profissional. Pretendendo-se algo coletivo, para toda a equipe, deve ser utilizada uma comemoração, que pode ser um jantar, um churrasco, uma festa, um *happy hour*, etc. Entretanto, premiações devem ser para aqueles que fazem por merecer, e não simplesmente por estar no lugar certo, na hora certa.

Nota dos autores
> O projeto não chegou a ser executado; e, após alguns anos, por decisão político-administrativa da área pública, o mesmo foi definitivamente descontinuado.

Para registro

O que deu certo?

- Planejamento de proposta complexa, bem estruturada e organizada, com responsabilidades claramente definidas e cronograma realista.

Como aplicar em outros projetos?

- Criar e utilizar *checklists* (listas de verificação) pode ser útil no processo de concorrências, quanto à habilitação, proposta técnica e proposta comercial.

O que deu errado?

- A premiação deve ser individual, e não coletiva, sobretudo, em projetos que têm profissionais alocados em tempo integral e outros com atuação pontual. A premiação tem por base o desempenho no projeto e não somente a participação nele.

- Comemorar a vitória somente por ter vencido a licitação, antes da assinatura do contrato. Enfim, prevaleceu o "ganhou, mas não levou".

Como evitar novas ocorrências?

- Estabelecer critérios objetivos e quantitativos de avaliação para realizar premiações.

Palavras-chave

- Matriz de Responsabilidades; *Proposal Manager*; premiação; concorrência pública; licitação; proposta – gerente.

LIÇÃO 2

Centralized server

Por meio de uma reunião de *kick off* (pontapé inicial) é iniciado um projeto de terceirização do Data Center de uma grande empresa brasileira, localizada em cidade de porte médio na Região Sul do país.

O fornecedor do Data Center, uma tradicional empresa multinacional do setor de Tecnologia da Informação (TI), enviou para a reunião uma equipe de profissionais com elevada hierarquia na organização composta por sete pessoas, incluindo o diretor da área e três gerentes, todos muito bem vestidos para a ocasião, na tradicional modalidade "terno e gravata". Por parte do cliente, estavam presentes o diretor de TI, seus quatro gerentes e três analistas técnicos mais experientes, além de gestores funcionais de diversas áreas da empresa e o diretor financeiro. A empresa não tinha por hábito a utilização de vestimentas formais, ao contrário, eram bastante informais, pois viviam em uma pequena cidade de clima quente.

Todos a postos, a fornecedora inicia a apresentação do projeto. Com o transcorrer da reunião e o avanço dos *slides* ficam evidentes mais algumas diferenças culturais, como, por exemplo, os vários termos em inglês – típicos de fornecedores de TI – e palavras bastante técnicas. Embora fosse um projeto de TI, nem todos os termos eram familiares para a empresa, mesmo para a equipe interna de tecnologia, pois era a primeira vez que alguns dos profissionais participariam de um projeto desta natureza e com a nova tecnologia envolvida. O diretor de TI, um homem de hábitos simples e nada cosmopolita, também nunca havia participado de um projeto deste porte. Ele trabalhava na empresa há muitos anos e nunca havia trabalhado em outra empresa antes.

Nesse contexto, a reunião avançava e a fornecedora conclui a apresentação com seu executivo agradecendo a todos e passando a palavra para as considerações finais do diretor de TI do cliente, que era o patrocinador do projeto:

— Sr. Carlos, isto posto gostaríamos de sua palavra final como patrocinador do projeto.

Imediatamente o profissional inicia sua fala simultaneamente com o movimento de coçar a barba (sua característica marcante):

— Vamos lá, estava vendo aqui todas essas lâminas bonitas (referindo-se aos *slides*) e pensando... O que me chamou atenção foi essa coisa de centralizar tudo em um local só, ainda não entendi bem como será isso.
— Podemos lhe explicar melhor, interrompe o diretor.
— É, a questão é que centralizar tudo... Isso pode ser bom, mas temos que tomar cuidado! Tem que ver aí se não vai "acrocá" o servidor.

Enquanto a assistente de projeto, com toda a altivez, continua de forma muito serena, já registrando na ata o tal termo. Todos se entreolham... Os engravatados fornecedores começam a cochichar, incrédulos, se perguntando o que seria o termo "acrocá".
Propositalmente, o diretor de TI não explica o excêntrico termo. Encerra a reunião deixando no ar a sensação de que ele é a pessoa a ser entendida e atendida no projeto.

Nota dos autores

"Acrocá" vem do verbo "acrocar", termo gaúcho que significa pôr-se de cócoras; ou seja, o diretor temia que o servidor não pudesse suportar toda a carga de dados e acessos, ou seja, ceder, arriar diante do volume de transações.

Para registro

O que deu certo?

- A vestimenta formal da equipe do fornecedor, mesmo seu cliente tendo uma cultura informal. Tratava-se do lançamento do projeto, da primeira e importante reunião.

Como aplicar em outros projetos?

- Adequar a vestimenta ao padrão do cotidiano da empresa, quando o relacionamento estiver consolidado e o projeto em "voo", até para que a equipe contratada possa se relacionar melhor e se colocar como parte da equipe da contratante.

O que deu errado?

- Não validar antecipadamente, com o patrocinador ou com o ponto de contato do cliente, o material que será apresentado na reunião.
- Não levantar antecipadamente quais pessoas participarão da reunião e, eventualmente, criar uma apresentação mais amigável a um público leigo, evitando jargões técnicos.

Como evitar novas ocorrências?

- Criar um processo de identificação dos *stakeholders* (interessados no projeto) em que, claramente, sejam levantados a cultura e o comportamento organizacional, as características, o estilo de trabalho, os anseios e as expectativas sobre o projeto das pessoas ou entidades que influenciam ou são influenciadas pelo projeto.
- Estabelecer um padrão de trabalho que garanta que os dados a serem apresentados sejam avaliados e discutidos antes das reuniões.

Palavras-chave

- Reunião – apresentação de projeto; jargões técnicos; *stakeholders* – identificação.

LIÇÃO **3**

Demitir: respeito humano não basta, há técnicas

Para um projeto em uma grande organização paulista, uma empresa prestadora de serviços contratou 12 profissionais especializados em desenvolvimento de *software*, considerando o prazo reduzido para construir o sistema e implantá-lo. O processo de contratação desses profissionais foi rápido, pois os salários e o pacote de benefícios oferecidos pela empresa de consultoria eram de elevada atratividade; ademais, no mercado havia uma representativa quantidade de profissionais com conhecimento da linguagem de computador pretendida e que atendia aos demais requisitos solicitados.

Criteriosamente, a empresa estruturou um bom Plano de Integração para que os novos profissionais contratados conhecessem a história da empresa, sua atuação, os processos e procedimentos internos, o código de ética, suas políticas e, sobretudo, o projeto em que atuariam. Esse Plano de Integração contou com reuniões e palestras ministradas por profissionais de várias áreas da empresa, visitas a unidades específicas e às instalações do cliente. Com responsabilidades previamente definidas, os trabalhos foram iniciados sobre a coordenação de um gerente de projetos, profissional bem experiente, que estava na empresa há anos e com ótimo relacionamento com o cliente. Dos profissionais contratados, foram definidas duas frentes de trabalho, cada uma com um líder específico.

Transcorridos seis meses de árduo trabalho, já se evidenciava um atraso no cronograma do projeto e as variações de produtividade e de compromisso dos profissionais contratados. Alguns profissionais se destacavam pelo desempenho: ótima comunicação escrita e verbal, facilidade para trabalhar em equipe, elevado senso de organização, pontualidade nos compromissos, boa produtividade e elevada qualidade. Deve-se registrar que, quando se fala em desempenho, destaca-se não somente os aspectos de produção (o "fazer"), mas também os de atitude (o "conviver" e o "ser"). Em contrapartida, outros (poucos) profissionais estavam no extremo oposto: atrasos constantes nos compromissos, faltas, dificuldades de relacionamento com a equipe interna e com o cliente, falta de concentração no trabalho. Resultado: baixa produtividade com elevado nível de retrabalho, provocando aumento nos custos e nos prazos do projeto, além de comprometer a continuidade de outras atividades planejadas.

Neste cenário, optou-se por demitir o profissional com pior desempenho e baixo nível de comprometimento do grupo dos contratados, visando ao bem do projeto e da relação com a equipe. O gerente de projetos solicitou que o líder da frente em que atuava o profissional efetuasse a sua demissão. Ele ficou muito apreensivo, pois nunca havia demitido ninguém, todavia, concordava com a ação da empresa e aceitava o que lhe fora designado, pois entendia que era de sua responsabilidade.

O gerente de projetos, mais experiente, informou ao líder da frente de trabalho que estaria ao seu lado no momento do comunicado ao profissional; aliás, algumas organizações têm isso como política interna: nas demissões deve haver um acompanhante para minimizar eventuais discussões, minimizar qualquer manifestação emocional ou de agressividade/descontrole, pois as reações não são previsíveis.

A realização de uma demissão exige alguns cuidados, que foram previamente transmitidos ao líder pelo gerente de projetos e podem ser sintetizados em seis aspectos básicos (abordagem técnica), conforme apresentado no Quadro 2 a seguir.

O líder sem experiência em demissão de profissionais seguiu à risca somente os dois primeiros itens: respeitar o profissional e proteger sua autoestima, externando seus pontos positivos. Todavia, em vez de avançar, mantinha-se valorizando os pontos positivos e potencializando-os repetidamente.

Neste momento, o profissional a ser demitido sorria, pois passou a acreditar que seria promovido, em função dos elogios que recebia.

Quadro 2 – Aspectos básicos que envolvem o desligamento de um profissional

Item		Descrição
1	Respeito	Respeitar a pessoa que será demitida e saber que ela enfrentará um momento difícil, tanto em termos profissionais como emocionais.
2	Autoestima	Antes de informar o desligamento da pessoa, deve-se destacar alguns pontos positivos que ela tenha, protegendo assim, sua autoestima.
3	Bloqueio auditivo	Ao ser informada da demissão, a pessoa "não ouve" mais nada, pois sua mente se direciona para outras preocupações, como: obrigações financeiras que tem, se seu currículo está atualizado, a quem encaminhá-lo. Por isso, fale tudo o que deve ser dito "antes" do comunicado do desligamento.
4	Sinceridade	Que haja sinceridade acerca do motivo da demissão, pois a pessoa precisa saber os reais motivos de seu desligamento, possibilitando assim, um *feedback* construtivo, que pode propiciar crescimento pessoal e profissional.
5	Evitar discussão	Uma demissão não é um debate ou uma discussão; trata-se apenas de um comunicado de uma decisão já tomada. O profissional que faz a comunicação deve ser breve, mesmo que a pessoa insista em discutir sobre a empresa, os superiores, as causas da demissão que foram apresentadas.
6	Comunicação à equipe	A equipe deve ser informada imediatamente após o ocorrido, para evitar "fofocas" ou possíveis desdobramentos que comprometam o clima organizacional.

O gerente de projetos que acompanhava a reunião ficou angustiado e interveio, lançando um sonoro "mas...", para mencionar que seu desempenho estava aquém do esperado, dando *feedback* dos pontos que poderia melhorar e desenvolver nas novas oportunidades profissionais. O profissional que estava sendo demitido ficou surpreso, mas entendeu a situação com base nas evidências apresentadas e na forma como foram apresentadas (no sentido construtivo, que se pode fazer melhor).

Evidentemente que, em geral, ninguém gosta de ser demitido. Ninguém gosta de demitir, mas, em determinadas situações, torna-se necessário. O processo de demissão deve ser bem estruturado e criterioso, e os gerentes devem ser instruídos/treinados para efetuar a comunicação ao profissional e à equipe, visando minimizar problemas e manter um clima organizacional sadio e profissional.

Para registro

O que deu certo?
- Plano de Integração bem construído e bem implementado.

Como aplicar em outros projetos?
- Consultar os Planos de Integração que foram bem-sucedidos na organização, verificando a estratégia de abordagem, o conteúdo, as atividades e os prazos. Com base nas melhores práticas, o plano deve ser construído de acordo com as necessidades específicas do projeto.

O que deu errado?
- O profissional que efetuou a demissão não conhecia as técnicas para efetuar a comunicação, além de não estar preparado para fazê-lo.

Como evitar novas ocorrências?
- Realizar treinamento prévio para o profissional que fará o desligamento (pode ser uma simulação hipotética, a fim de estruturar a sequência de ideias). Além disso, no momento do comunicado oficial, ele deve estar acompanhado por um profissional mais experiente. Não se trata de uma "receita de bolo", e sim do uso de abordagem estruturada em um momento difícil para todos.

Palavras-chave
- Plano de Integração; demissão – abordagem técnica.

LIÇÃO 4

Transforme o inimigo de seu projeto em aliado

Esta situação ocorreu em um projeto interno de uma empresa multinacional, presente em praticamente todas as unidades da federação, que pretendia obter a Certificação ISO 9001. Tratava-se de um projeto inovador no país, pois a organização visava obter o certificado para sua área de serviços de consultoria.

Um projeto desta envergadura, que envolve praticamente toda a organização, exige um patrocinador (*sponsor*) forte em duas dimensões: financeira, pois é quem "pagará" pelo projeto e "política", pois o profissional deve ter força perante às demais unidades da organização para obter apoio e compromisso dessas áreas, sobretudo porque muitos projetos transcendem os limites da área que o patrocina. Essa força política pode ser chamada de "autoridade" para suportar o projeto. Por exemplo, o morador de um edifício faz um projeto de revitalização dos *halls* dos andares do prédio, contemplando: reforma, pintura, iluminação e decoração. Mesmo que essa pessoa decida "pagar" por toda a execução do projeto, ou seja, pelos materiais e pela mão de obra da adequação de todos os andares (patrocinador financeiro), ela não tem "autoridade" para executar este projeto, que, provavelmente, deveria ser submetido para avaliação e aprovação em uma reunião de condomínio. Nesse caso, diz-se que é um patrocinador "com dinheiro", mas sem autoridade (força política).

No caso do projeto ISO 9001, o patrocinador atendia às exigências financeiras e de autoridade, o que foi um facilitador no processo. Após a definição do representante da administração (gerente do projeto) e de

64 • *Lessons Learned* em Gerenciamento de Projetos: 40 Lições Aprendidas

dois consultores para apoiá-lo, realizou-se um planejamento detalhado e criterioso, que contou com a execução de um valioso *benchmarking* interno, pois a organização já possuía a certificação ISO em outra área.[4]

A primeira prioridade deste projeto foi o aspecto de comunicação, sensibilização e envolvimento. Para tanto, foi definido um Plano de Comunicação que englobava mensagens enviadas por *e-mail* (diferentes conteúdos para diferentes destinatários), matérias na Intranet e *banners* espalhados pelas várias unidades da organização. Foi, então, elaborada uma campanha para definição do *slogan* do projeto, que no início teve baixa adesão em termos de participação. Para estimular o engajamento das pessoas, definiu-se que aquelas que enviassem sugestões (pelo menos três) receberiam um bonito *pin* (broche dourado com a inscrição ISO 9001). Importante: o *pin* virou objeto de cobiça. As pessoas passaram a ostentar seus *pins* com orgulho em suas lapelas, camisas e vestidos.

A escolha do *slogan* ocorreu em uma reunião de diretoria, quando foram analisadas centenas de propostas. O mais interessante é que, no processo, nenhum diretor conhecia a origem de cada sugestão: nem a cidade, nem o cargo e muito menos o nome do proponente. Isso trouxe credibilidade e imparcialidade ao processo. Os cinco primeiros colocados foram presenteados com livros e foi efetuada extensa divulgação na Intranet da empresa, com fotos e depoimentos dos vencedores.

O passo seguinte foi a criação de um manual (eletrônico e impresso) de todos os documentos e processos envolvidos. Seguiu-se um treinamento a todos os profissionais, com formalismo, em termos de lista de presença e exame final, para apurar o nível de retenção da informação dos participantes. Aqueles que demonstraram um maior comprometimento no treinamento e que sempre tiveram um ótimo desempenho profissional foram escolhidos como "auditores internos", considerados "modelos" e "formadores de opinião".

O processo de comunicação foi constante e contínuo durante todo o projeto. Os resultados da primeira auditoria interna realizada

---

[4] *Benchmarking* interno – quando a busca de melhores práticas é feita dentro da própria organização em diferentes unidades ou áreas. As principais vantagens são: baixo custo, facilidade de obtenção de informações e valorização do pessoal interno. A desvantagem frente a outros tipos de *benchmarking* (competitivo ou de processo) é que o universo de conhecimento está limitado à organização, ou seja, mesma ótica e mesmos paradigmas. (MATTOS; GUIMARÃES, 2005).

causaram certa surpresa, pois com base em roteiros previamente definidos (*checklists*) foram identificadas muitas não-conformidades em praticamente todas as capitais estaduais. Se o resultado pôde ser considerado ruim em uma análise preliminar; em outra, foi extremante positivo, pois se identificou as lacunas e as potenciais melhorias a serem implementadas nos processos.

Havia em São Paulo um grupo que se posicionava contrário ao processo de certificação, fazendo críticas ferinas constantes. Reclamavam da burocracia que os processos exigiam, do excesso de documentos, assinaturas e formalismos que inibiam a criatividade dos gerentes de projetos e limitavam sua autonomia junto a clientes e fornecedores. Esse pequeno grupo tinha um líder, que era uma pessoa emocional, impulsiva, porém, competente. A cada auditoria interna, essa pessoa "esbravejava pelos corredores" e apoiava de forma incondicional aqueles que tinham tido alguma não-conformidade, divulgando para a empresa (expondo) o nome dos gerentes e detalhando as não-conformidades de seus projetos, por meio de discursos emocionais, *e-mails* com mais de duas páginas de textos e outros artifícios. Em pouco tempo, criou-se um grupo sectário distinto do movimento de toda a organização, que lutava por ter elevada qualidade em seus serviços, processos padronizados e consistentes, além da obtenção do certificado, que traria um diferencial competitivo para a organização.

Com o ambiente segmentado, o representante da administração e o patrocinador do projeto tomaram uma decisão estratégica: a cooptação. Dessa maneira, esse profissional foi chamado pelo patrocinador do projeto, que lhe convidou para ser auditor interno, considerando sua elevada capacidade crítica e seu potencial para melhorar os processos. Esse profissional sentiu-se valorizado e reconhecido pela alta administração, passando de "pedra à vidraça". Sua postura mudou completamente e de seus seguidores também.[5]

É difícil avaliar se a cooptação pode ser considerada manipulação, todavia, o projeto seguiu conforme o planejado, e depois de seis meses, após a frustração no primeiro processo de auditoria externa, a empresa obteve o sonhado certificado de qualidade na segunda tentativa.

---

[5] Cooptação – é considerado um modo sutil pelo qual os administradores manipulam uma pessoa, atribuindo um papel de responsabilidade a um indivíduo resistente ao processo de mudança. (BATEMAN; SNELL, 2009).

Para registro

O que deu certo?

- Patrocinador forte que apoiou a realização de *benchmarking* interno.
- Elaboração de detalhado planejamento, com prioridade para a área de comunicação, considerando que o projeto englobava mudanças de processos.
- Definição dos auditores internos, selecionando os "formadores de opinião" e a utilização adequada da "cooptação", fazendo com que o profissional resistente ao projeto recebesse novas responsabilidades.

Como aplicar em outros projetos?

- Analisar sempre a possibilidade de realizar *benchmarkings* internos.
- Atuar com imparcialidade nos processos avaliativos e, sempre que possível, transformar o inimigo do projeto em aliado.

O que deu errado?

- Não foi realizada uma qualificação dos *stakeholders* (interessados no projeto). Se tivesse sido efetuada, com uma boa gestão, a solução poderia ter sido antecipada.

Como evitar novas ocorrências?

- Considerar o Gerenciamento das Partes Interessadas, como recomenda o *Project Management Body of Knowledge* (Guia PMBOK®), por meio de uma área de conhecimento específica.

Palavras-chave

- ISO 9001; Certificação ISO 9001; patrocinador; *sponsor*; *benchmarking* – interno; auditores internos; cooptação.

Referências

BATEMAN, Thomas S.; SNELL, Scott A. *Administração: novo cenário competitivo*. 2. ed. São Paulo: Atlas, 2009.

MATTOS, José Roberto Loureiro de; GUIMARÃES, Leonam dos Santos. *Gestão da tecnologia e inovação*: uma abordagem prática. São Paulo: Saraiva, 2005.

PMI® (Project Management Institute). *Project Management Body of Knowledge* (PMBOK® Guide). 5. ed. Pennsylvania: Project Management Institute, 2013.

LIÇÃO **5**

Uma analogia bem feita vale mais que mil *slides*

Dois profissionais de consultoria experientes estavam diante de um típico senhor do interior, de cerca de 70 anos de idade. Embora muito humilde e de costumes simples, esse senhor, chamado João, não era nada menos que um dos fundadores de uma empresa com mais de 40 anos, líder no Brasil em alguns dos segmentos onde atua e com um respeitável faturamento anual de cerca de 2 bilhões de reais (2013).

Essa empresa, com frequência, realizava projetos dos mais diversos tipos: desde a criação de novos produtos, passando por constantes melhorias em seus sistemas de gestão e de produção, até a abertura de novas unidades. Contudo, culturalmente não estava familiarizada com palavras relacionadas a gerenciamento de projetos e de processos, como: boas práticas, Escritório de Projetos ou PMO, gestão por processos, etc.

As fábricas da empresa eram muito bem organizadas. De todo modo, os dois consultores acreditavam que poderiam contribuir com o Sr. João – um empreendedor nato que fundou um pequeno império local, onde trabalhavam 60% da população da cidade. Corretamente, os profissionais entendiam que esse sucesso poderia ser ainda maior se os investimentos do Sr. João fossem melhor planejados e controlados.

Como manda o figurino, os profissionais se prepararam previamente para uma reunião com o executivo. O objetivo era definir a contratação dos serviços. Elaboraram, durante um final de semana, um material em Power Point (óbvio!), explicando como poderiam ajudar a empresa do Sr. João a crescer e prosperar ainda mais. Elaboraram minuciosamente *slides* com animações sofisticadas, diagramas, números e tendências. Os dois profissionais realizaram uma prévia da reunião para exercitar a dinâmica e refinar a apresentação. Com isso, reduziram o material, que acabou composto por dez *slides*.

No "Dia D", os consultores iniciam a reunião com todas as técnicas adequadas: algo do cotidiano para "quebrar" o gelo, risos breves, elogios à cidade local, etc. Na sequência, o profissional responsável pela preparação dos *slides* iniciou a apresentação. Bastou o segundo *slide* para que o Sr. João começasse a sentir um certo incômodo, o que já foi logo percebido pelos consultores.

Assim que surge o terceiro *slide,* o incomodo aumentou. Rapidamente, o consultor mais experiente, tomou a palavra:

Consultor: *Sr. João, vou tentar lhe dar um exemplo...*
Sr. João: *Ótimo!*
Consultor: *Na igreja nós temos os 10 mandamentos, certo?*
Sr. João: *Sim, temos.* (já começando a entender outra linguagem...)
Consultor: *Pois então, mas é difícil de cumprir! Não é mesmo, Sr. João?* (problema compartilhado!)
Sr. João: *Oohh, se é! Aquele "não cobiçarás" então, nem me fale!* (bingo!)
Consultor: *Então, como é difícil de cumprir, temos a ajuda dos padres, dos pastores, certo?*
Sr. João: *Certo. Aqui na cidade temos o Padre Beto...*
Consultor: *Pois bem, para esses projetos que o senhor quer fazer, as novas fábricas, um novo sistema de gestão... para todos esses investimentos temos um modo de fazer, uma espécie de guia, que nos orienta como os "mandamentos". O senhor sabe bem, sempre nestes projetos o pessoal vem pedir mais dinheiro, mais prazo, não é mesmo?*
Sr. João: *Oh... se é, parece que nunca tem fim!*
Consultor: *Pois então. Nosso trabalho é como o dos padres, dos pastores... Nós apoiamos nossos clientes para cumprir os mandamentos dos projetos, fazendo com que o orçamento, o prazo, o objetivo do projeto seja cumprido. Afinal, é também muito difícil cumprir esses "mandamentos" dos projetos.*
Sr. João: *Hum...! Entendi! Num carece mais se alongá. Ocês tão contratados!*

Para registro

O que deu certo?

- Percepção de que a mensagem não estava adequada e flexibilidade para adaptá-la. O objetivo não deve ser apresentar *slides*.
- Participação de perfis diferentes e complementares em uma reunião decisiva.
- Realizar reuniões prévias, exercitando a dinâmica e revisando o material que será apresentado.

Como aplicar em outros projetos?

- Identificar em quais tipos e portes de projetos e, em quais tipos de eventos de comunicação, deve-se estabelecer a realização de reuniões prévias como um padrão de trabalho em projetos.
- Contemplar no Plano de Comunicação a realização de prévias para as reuniões mais importantes do projeto.
- Criar o hábito de registrar experiências em reuniões em uma biblioteca de Lições Aprendidas.

O que deu errado?

- Abordagem desalinhada com as características e o contexto do cliente.

Como evitar novas ocorrências?

- Obter informações e histórico para compatibilizar a mensagem com o destinatário.
- Estabelecer um padrão de trabalho que garanta que o contexto do cliente ou do destinatário da mensagem seja avaliado e discutido previamente e que seja definido de modo claro e antecipado o objetivo da reunião.

Palavras-chave

- Reuniões – prévias; reuniões – preparação.

LIÇÃO 6

Organizar projetos: receita para um novo PMO

Para operacionalizar a estratégia de crescimento de uma empresa familiar, em um horizonte de quatro a cinco anos, um profissional experiente precisou organizar um conjunto de projetos e iniciativas.

Embora familiar, a empresa possuía uma gestão profissional e um respeitável faturamento anual, que a colocava entre as maiores de seu setor. Entre os projetos a serem organizados, estavam a construção de três fábricas e a implantação de um sistema de gestão empresarial integrada (ERP – *Enterprise Resources Planning*). Não havia intenção de grandes movimentações, como: venda da empresa, fusões, incorporações ou IPO[6].

Ao contrário, as iniciativas em curso estavam bem alinhadas com uma diretriz de crescimento orgânico e gradativo. Havia ainda, um ambiente de resistência a metodologias e contratações de consultorias externas devido a experiências anteriores malsucedidas.

Diante deste contexto, para organizar os projetos, o profissional recém-contratado estabeleceu uma abordagem bastante simples: a criação de um PMO (*Project Management Office*), ou Escritório de Projetos. Seu objetivo foi, logo nos primeiros meses, criar um ambiente de engajamento e mais favorável a mudanças. Para isso, criou um plano para os primeiros 90 dias, em duas linhas: líder servidor e ganhos rápidos.

---

[6] IPO – *Initial Public Offering*, em português Oferta Pública Inicial. O IPO ocorre quando uma empresa abre seu capital em bolsa de valores por meio de venda de ações.

1. Líder servidor

Conectar na mesma velocidade e direção em que a engrenagem está girando.

Usando a metáfora de engrenagens, ao iniciar a organização de um conjunto de projetos, o profissional considerou o fato de que as várias iniciativas (engrenagens) estavam em andamento. Bem ou mal, essas iniciativas estavam sendo conduzidas e de algum modo aquela empresa tinha sido bem-sucedida. Então, inicialmente, apenas se posicionou como sendo um elemento das rotinas e dos padrões que estavam sendo seguidos. Conectou-se nas engrenagens que estavam girando, sem questionar imediatamente a sua velocidade ou a sua direção, mas contribuindo para fazer seu movimento se acelerar. Atuou como suporte aos líderes que estavam coordenando os projetos e "arregaçando as mangas", transformando-se em um líder a serviço dos outros, por isso, pode ser denominado "líder servidor". (Figura 4).

Figura 4 – Engrenagens

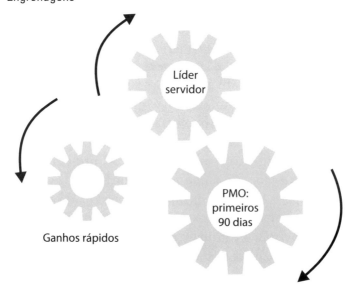

Fonte: Os autores.

Em paralelo, elaborou uma apresentação objetiva, que chamou de "Nossos Projetos", e sempre que possível a utilizava para "evangelizar" os principais *stakeholders* (interessados no projeto) com elementos que fariam a engrenagem girar mais rápido e no sentido correto. Ganhou a credibilidade e a confiança necessárias e, aos poucos, e de modo gradativo – totalmente aderente à cultura da empresa – buscou pequenas influências tanto na velocidade quanto na direção dos projetos por meio de adoção de "ganhos rápidos".

2. Ganhos rápidos

Doses pontuais de pequenos elementos de melhoria e padronização para a organização.

Gradativamente, foram estabelecidos quatro elementos básicos e essenciais, fruto de experiências anteriores do profissional, cujo objetivo era organizar sem burocratizar. São eles:

- Lista de Projetos: relação concisa de quais eram os projetos e as iniciativas da organização.
- Ata Ágil: resumo no próprio *e-mail*, foco apenas em ações, responsáveis e prazos – com ausência de histórias e longas narrativas.
- *Status Report* Ágil: apenas um *slide* por projeto com um sumário das últimas e próximas realizações.
- Termos Ágeis de Abertura e Encerramento: no máximo, uma página cada, apenas como um instrumento para não ter descontrole da Lista de Projetos (abertura) e como registro de algumas Lições Aprendidas (encerramento).

Após os 90 dias, ao elaborar um plano adequado para a cultura da empresa, o profissional criou um novo espaço e conquistou credibilidade, o que lhe permitiu, mesmo em um ambiente de resistência a métodos e consultorias, realizar uma etapa rápida que gerou ganhos imediatos e alimentou a credibilidade para novas evoluções.

Para registro

O que deu certo?

- Total flexibilidade para adaptar as boas práticas ao contexto, definindo alguns itens de ação que organizam, sem pesar e sem assustar.

Como aplicar em outros projetos?

- Criar outra "engrenagem", com foco mais estruturante, que simbolize o plano de evolução. Nesta, consolidar e alinhar os elementos de médio e longo prazos, a fim de garantir que as iniciativas estejam conectadas a objetivos maiores e, não menos importante, que reflitam os valores e o direcionamento estratégico da organização para seus projetos.

O que deu errado?

- Termos Ágeis de Abertura e Encerramento: pelo ambiente de forte resistência a métodos não houve um engajamento imediato neste período e estes dois elementos poderiam ficar para uma segunda etapa. As Lições Aprendidas poderiam estar sendo tabuladas pelo próprio profissional, e uma eventual desatualização da lista de projetos não seria relevante neste contexto para um período curto.
- Ainda nesta primeira etapa, estabelecer uma reunião de *status* (ou de progresso) dos projetos para a diretoria, a fim de manter todo o trabalho conectado com as diretrizes e prioridades estratégicas da organização.

Como evitar novas ocorrências?

- Definir um plano piloto dos padrões de ganhos rápidos em um ou dois projetos para testes práticos e, se necessário, efetuar adaptações e refinamento.

Palavras-chave

- PMO – criação; Escritório de Projetos – criação; reuniões – ata; *status report*; projeto – *status report*; ERP.

LIÇÃO 7

Sucesso com equipes virtuais: além da comunicação

O desafio era implantar novos processos e um novo sistema de informação em alguns escritórios da América Latina de uma empresa multinacional, com o objetivo de padronizar e racionalizar o *workflow* por toda a corporação. Os países contemplados foram Brasil, Argentina, Colômbia e México, com atividades desenvolvidas localmente, porém, com atuação integrada das equipes e com coordenação a partir da cidade de São Paulo.

Evidentemente, como em qualquer projeto com equipes virtuais, a primeira preocupação foi a comunicação, com ênfase na definição do idioma a ser utilizado. Como eram três países que utilizam língua espanhola e apenas um com o idioma português, optou-se pelo espanhol, pois os brasileiros têm, em geral, boa familiaridade com esse idioma. Para que o Plano de Comunicação fosse bem estruturado, a área de marketing foi convidada a apoiar a equipe do projeto na sua elaboração.

A formação da equipe do projeto (com um líder por país participante) foi precedida de negociações com os superiores imediatos dos profissionais escolhidos em cada país, a fim de verificar a disponibilidade dos mesmos e obter o comprometimento do superior na liberação do recurso em tempo parcial para participar do projeto.

Embora as equipes remotas possam trabalhar de qualquer local, a geografia torna-se relevante, sobretudo em se considerando as questões de horário. Cummings (2011) elaborou um quadro de dispersão geográfica e temporal, apresentado na Figura 5, por meio da qual se evidenciam quatro quadrantes distintos, considerando-se a dispersão de geografia (espaço) e de horário (tempo).

78 • *Lessons Learned* em Gerenciamento de Projetos: 40 Lições Aprendidas

Figura 5 – Dispersão geográfica e temporal de Cummings

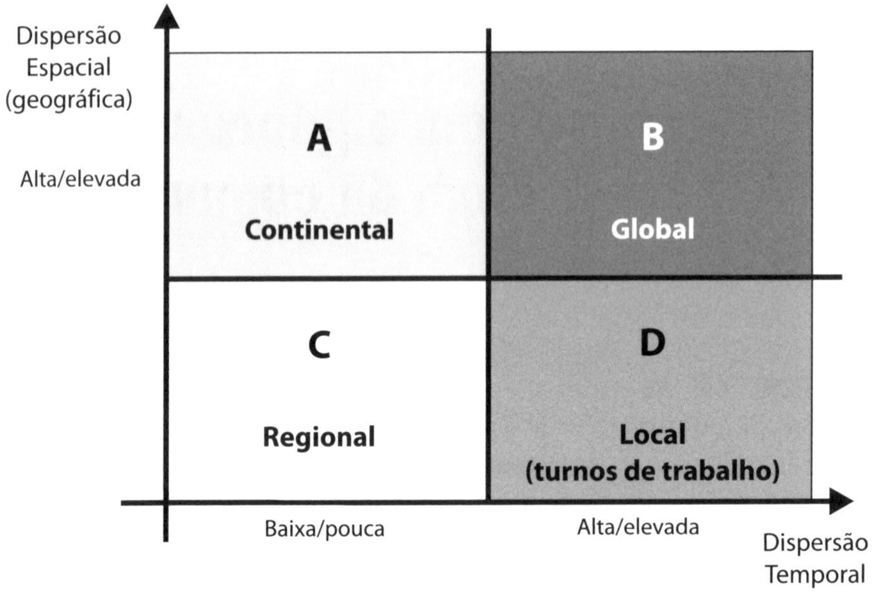

Fonte: Adaptado e traduzido de O'Leary and Cummings in Cummings (2011).

O quadrante "A" (continental) é caracterizado por elevada dispersão espacial e baixa dispersão temporal, por exemplo, Brasília (DF) e Washington D.C. O quadrante "B" tem alta dispersão geográfica e temporal, por exemplo, Belo Horizonte (MG) e Tóquio, por isso, chamado de "global". O quadrante "C" representa as situações de baixa dispersão geográfica e temporal, por isso, chamado "regional", por exemplo, Curitiba (PR) e Itajaí (SC). O quadrante "D", baixa dispersão espacial e alta dispersão temporal, representa trabalho no mesmo local geográfico, porém, com deslocamentos de horários, por exemplo, turnos de trabalho distintos.

O referido projeto pode ser categorizado como sendo do Quadrante "A", elevada dispersão geográfica (a maior distância entre as cidades participantes era de 7.400 km, de Buenos Aires à Cidade do México) e relativamente baixa dispersão temporal (São Paulo e Buenos Aires têm o mesmo fuso horário, Bogotá tem fuso de -2 horas em relação a São Paulo e Cidade do México, -3 horas; portanto, a diferença máxima de horário poderia chegar a 4 horas, no período de horário de verão no Brasil e/ou Argentina).

Na elaboração do cronograma e no planejamento das reuniões, não só os aspectos geográficos foram considerados, mas, com prioridade, os culturais. Entenda-se por aspectos culturais, além do idioma, os feriados e sua significação cultural, as "pontes" existentes entre feriados e finais de semana, e os hábitos do dia a dia; por exemplo, no México o almoço é mais tarde que no Brasil (por volta das 14 horas). Atenção a esses itens demonstra respeito pelos profissionais e por seus valores e isso é percebido pelos integrantes da equipe de projeto.

Os requisitos de infraestrutura de Tecnologia da Informação (TI) também foram cuidadosamente analisados, a fim de garantir elevada disponibilidade nas comunicações. As ferramentas escolhidas para a comunicação da equipe foram definidas com base nas necessidades do projeto e disponibilidades nos escritórios: Internet/Intranet, *e-mail*, conferência eletrônica, comunicadores instantâneos e *e-learning* na modalidade *Web Based Traininig* (WBT).[7]

O maior problema encontrado no projeto era a costumeira falta de pontualidade para início das reuniões de progresso, o que ocasionava atraso no encerramento também. Muitas vezes, em momentos de decisão, alguns profissionais tinham de se retirar, devido a outros compromissos já agendados, o que dificultava o progresso do projeto. O obstáculo foi vencido e, ao final, havia sido criado um hábito saudável na equipe: pontualidade para iniciar as reuniões e, também, para encerrá-las.

O projeto possibilitou a integração de pessoas de países distintos e que trabalhavam na mesma organização há anos, bem como, permitiu que alguns profissionais vivenciassem a modalidade de atuação em "equipes virtuais" pela primeira vez, que, segundo depoimentos desses profissionais, trouxe novas perspectivas pessoais e profissionais.

Dessa maneira, a comunicação com equipes virtuais é fundamental para o sucesso de um projeto, todavia, a infraestrutura de TI, o respeito

---

[7] Há três modalidades de *Web Based Training* (WBT): a primeira, em que o treinamento é independente, ocorre no ritmo do aluno, sem profissionais disponíveis para esclarecer dúvidas, não havendo, portanto, interação aluno-professor. A segunda é chamada de treinamento interativo assíncrono, quando o aluno interage com o professor e demais alunos, mas não ao mesmo tempo; cada um assiste às aulas no período de sua conveniência e há momentos de interação previamente divulgados. Finalmente, a terceira modalidade é chamada de treinamento interativo síncrono, quando as aulas são assistidas em tempo real por todos, com interação por *e-mail* ou ferramentas de comunicação, como *chats*. (DE SORDI, 2003).

aos aspectos culturais dos profissionais que compõem a equipe e a efetiva gestão de pessoas dão sustentação à comunicação e à valorização do ser humano.

Para registro

O que deu certo?

- Critérios claros na seleção para formação das equipes e compromisso dos superiores imediatos.
- Plano de Comunicação desenvolvido em parceria com a área de marketing.
- Análise das necessidades e disponibilidade dos recursos de TI para comunicação no projeto.
- Respeito aos aspectos culturais de todos os países no planejamento das atividades.

Como aplicar em outros projetos?

- Elaborar um *checklist* (lista de verificação) para projetos multipaíses, englobando a análise das necessidades de infraestrutura de TI, os requisitos de comunicação e os aspectos culturais a serem considerados.

O que deu errado?

- Atrasos frequentes para o início das reuniões.

Como evitar novas ocorrências?

- Apresentar na reunião inicial do projeto, como ponto de desafio da equipe, a questão da pontualidade.
- Conscientizar a equipe que a espera para iniciar uma reunião representa "perda de tempo" para muitos profissionais e que o atraso para iniciá-la pode ter como consequência o atraso no término da reunião; uma vez que alguns profissionais podem ter de sair antes do final da reunião, dificultando eventuais tomadas de decisão e causando problemas de comunicação no projeto.
- Definir e divulgar os critérios claros de início e fim para as reuniões.

Palavras-chave

- Equipes virtuais; equipes remotas; projetos multipaíses; Plano de Comunicação; projeto – cultura; reuniões – pontualidade; pontualidade; reuniões – atrasos; *checklist; e-learning.*

Referências

CUMMINGS, J. N. Economic and business dimension: geography is alive and well in virtual teams. *Communications of the ACM*, v. 54, n. 8, pp. 24-26. Aug., 2011.

DE SORDI, José Osvaldo. *Tecnologia da Informação aplicada aos negócios.* São Paulo: Atlas, 2003.

LIÇÃO 8

Respeite a cultura da organização, suas imagens, bandeiras e brasões

Cenário: uma empresa familiar de origem alemã sediada em uma cidade do interior do Estado de Santa Catarina, tendo, entretanto, seu mais importante parque fabril localizado na Grande São Paulo e outra unidade industrial no interior do Paraná.

Um importante projeto avançava conforme o planejado na unidade industrial paulista, porém, havia um certo distanciamento da sua sede administrativa. Visando a uma maior aproximação com a alta administração da organização optou-se pela realização de um seminário executivo na pequena cidade, exclusivo para os profissionais daquela organização.

O seminário executivo era uma estratégia da consultoria que coordenava o projeto na unidade fabril de São Paulo, para sensibilizar a alta direção da empresa sobre as novas tecnologias, tendências e suas possíveis aplicações. Isso, de modo imparcial e sem publicidade alguma de produtos ou serviços relacionados aos temas.

Nos seminários exclusivos para uma dada organização, apresentava-se, ao final do encontro, os *status* dos projetos em andamento, com o objetivo de se alavancar novas oportunidades de negócios. A imparcialidade do seminário visava ao fortalecimento da marca da consultoria junto à organização.

Tudo pronto para o seminário: temas, palestrantes e infraestrutura de apoio (projetores, crachás e prismas de mesa com os nomes dos participantes para facilitar a comunicação palestrante-participantes, caderno impresso com o resumo das palestras com referências bibliográficas, bloco para anotações, etc.). Logística também sem falhas: passagens aéreas, hotéis reservados e traslados até a pequena cidade já organizados.

É louvável e admirável a cultura alemã quanto aos aspectos de pontualidade e assiduidade, demonstrando compromisso com aquilo que é realizado. No caso, não foi diferente. Bem cedinho, cerca de meia hora antes do horário marcado para o início do evento, os profissionais já estavam na sala de reunião, onde aconteceriam as apresentações. Eles conversavam e tomavam café, pois ainda não sabiam como seria a arrumação das cadeiras na sala e se a escolha dos lugares seria livre ou predeterminada. Numa atitude respeitosa, aguardavam.

Enquanto o coordenador geral do seminário conversava com os executivos, um consultor colocou em uma pequena mesa o equipamento de projeção direcionado a uma parede da sala. Nessa parede estava o quadro com a imagem de um senhor de cerca de 70 anos. Desatento, o consultor retirou o quadro da parede (a projeção seria feita ali), colocando-o de ponta cabeça em um canto da sala.

Um profissional da empresa, irritado com a atitude relapsa do consultor, esbravejou dizendo que aquela imagem era do fundador da empresa, que era querido por todos, e que exigia respeito com o quadro, devendo ser cuidadosamente guardado. Os demais, que tomavam café, assentiram com a cabeça, demonstrando apoio à posição do interlocutor.

O consultor ficou constrangido e, percebendo sua falha e desatenção, demonstrou humildade e pediu desculpas em voz alta e recolocou o quadro no local de origem.

Após esperar por alguns minutos para a situação se acomodar e o ambiente se acalmar, o coordenador do seminário, sabiamente, transferiu o problema para o reclamante. Afirmou que a melhor parede para a posição seria aquela, em função de visibilidade, luminosidade e da possibilidade de melhor arrumação da sala para o evento, perguntando o que poderia ser feito. Em seguida, um profissional da empresa retirou o quadro cuidadosamente, levando-o para uma outra sala.

Logo em seguida o seminário foi iniciado, as apresentações foram realizadas conforme planejamento prévio, sendo que nenhum apresentador ou participante do evento fez qualquer menção ao ocorrido ou qualquer brincadeira de mau gosto, pois embora o prego de fixação do quadro estivesse ali presente e visível, todos entenderam a importância em se respeitar os valores das outras pessoas e da empresa.

Para registro

O que deu certo?

- Planejamento do evento e a posição de humildade do consultor diante do acidente.

Como aplicar em outros projetos?

- Explicitar a importância da humildade diante de situações adversas, quando da realização de treinamentos destinados à formação de profissionais.

O que deu errado?

- Ansiedade do consultor em querer resolver tudo rapidamente sem perceber o contexto em que estava, sendo desatanto, ainda que sem saber, com a imagem do fundador da empresa e os valores organizacionais.

Como evitar novas ocorrências?

- Procurar conhecer, antecipadamente, o organograma e a cultura da empresa para a qual se presta serviços, sempre lembrando que imagens e símbolos (fotos, bandeiras, brasões) devem ser respeitados.

Palavras-chave

- Cultura organizacional; seminário executivo; valores organizacionais.

LIÇÃO 9

Imprevistos impactantes em viagens, facilmente evitáveis

Há pessoas que têm facilidade em memorizar nomes; outras memorizam datas e números. Há também os fisionomistas. Quanto aos nomes, sabe-se que pequenos equívocos podem causar verdadeiros dissabores e transtornos, sejam de ordem pessoal ou profissional.

Um dos casos mais engraçados que se comenta no país é a história de um jogador de futebol que jogaria na cidade de Belém, no Estado do Pará. O jogador ao ser perguntado sobre jogar em Belém, respondeu que sentia muita emoção em atuar na terra onde havia nascido Jesus. Ele confundira a capital paraense com a cidade da Cisjordânia. Belém do Pará tem quatro séculos de existência (fundada em 1616), conta com 1,5 milhão de habitantes e é famosa pela procissão do Círio de Nazaré, Teatro da Paz, Mercado Ver-o-Peso, Casa das 11 Janelas, Basílica de Nossa Senhora de Nazaré e Catedral Metropolitana. Cidade famosa também pela gastronomia: o pato no tucupi, a maniçoba e o tacacá. Em contrapartida, a Belém mencionada pelo jogador fica na Palestina, situada a 10 km ao sul de Jerusalém, cujo significado é "Casa do Pão", sendo hoje um importante centro cultural e turístico, com uma população inferior a 30 mil habitantes.

Folclore ou realidade, esta história é contada e recontada por muitas pessoas. Em um projeto de uma empresa paulista ocorreu algo similar. Um profissional pouco experiente deveria fazer uma viagem aos Estados Unidos para complementar sua *expertise* em uma área de conhecimento ainda pouco difundida no país à época. Destino do profissional: Washington.

Ao saber da viagem, o profissional ficou muito satisfeito, pois era a primeira vez que sairia do país para participar de um treinamento. A empresa dava autonomia aos funcionários para solicitar as reservas de voos e hotéis, pois havia uma empresa parceira (agência de viagens) que efetuava as reservas solicitadas pelos funcionários. Essa agência conhecia as políticas de viagem de seu cliente, as redes de hotéis credenciadas, as classes de viagens permitidas, os valores limites estabelecidos, etc. Desse modo, o profissional efetuou as solicitações de hotel e passagens aéreas, que foram aprovadas pelo seu superior imediato.

O profissional antes da viagem procurou saber de pontos turísticos da cidade de Washington e até ironizou um colega que lhe recomendou visitar o Cemitério de Arlington, onde está o túmulo de John Kennedy e de sua esposa Jacqueline. Há, inclusive, uma estação de metrô nesse local, que também conta com o famoso Túmulo do Soldado Desconhecido.

Depois de algumas semanas, o profissional foi visto no escritório da empresa em São Paulo. Alguns colegas estavam curiosos em saber de sua viagem pela capital norte-americana e saber se ele tinha visitado o Cemitério Arlington. Foi aí que ele narrou o ocorrido: seu curso era no Estado de Washington e não na cidade Washington, D.C. (sigla que significa District of Columbia), ou seja, ele iria a Seattle, que fica a 4.000 km de Washington, D.C. O Estado de Washington é no noroeste norte-americano, na costa oeste, divisa com o Canadá, enquanto a capital fica na costa leste.

O profissional soube da desconfortável situação por meio de um taxista do aeroporto de Washington D.C., quando o profissional havia lhe pedido para levar ao hotel. Com desenvoltura, o profissional retornou ao aeroporto, comprou uma passagem para o destino correto, telefonou para a empresa e explicou o ocorrido. Solicitou que fossem providenciados ajustes em seu roteiro de viagem, pediu novas reservas de hotel e o cancelamento das efetuadas anteriormente.

Certamente, naquele momento em que soube que estava na cidade errada, a produção de adrenalina deve ter sido intensa, mas o aprendizado inesquecível, tanto para o profissional quanto para a organização, que reviu seu processo de aprovação interna de viagens internacionais.

Nota dos autores

Há comentários folclóricos postados na Internet afirmando que nos movimentos migratórios antigos, alguns europeus pensavam em ir para São Francisco, nos Estados Unidos, e iam para São Francisco do Sul, em Santa Catarina (e vice-versa). Há também casos de confundir Guiana (país) com Goiânia (cidade).

Para registro

O que deu certo?

- Disponibilidade de cartão de crédito corporativo (internacional), que possibilitou ao funcionário adquirir uma passagem aérea e efetuar reserva de hotel, com autonomia.

Como aplicar em outros projetos?

- A empresa deve estabelecer políticas de viagens, reembolso e tratativas em caso de situações emergenciais adequadas aos tipos de projetos realizados e à cultura da empresa.

O que deu errado?

- Falta de atenção na leitura do nome da cidade tanto do funcionário, como do aprovador.
- Custos acima do previsto no projeto, em função de emissão de novas passagens aéreas.

Como evitar novas ocorrências?

- Atentar a itens por vezes negligenciados pelos profissionais, mesmo em situações corriqueiras, como: data, horário e local de eventos e reuniões.
- Criar um *checklist* (lista de verificação) para viagens, sobretudo, as internacionais que têm particularidades adicionais, como: necessidade de passaporte, visto de entrada no país, câmbio de moeda, etc.
- Prever em todo projeto alguma Reserva de Contingência[8].

---

[8] Reserva de contingência de um projeto é um valor além das estimativas de custos do projeto para que o mesmo atinja seus objetivos em nível aceitável na organização. O valor da contingência é, em geral, calculado com base nos riscos identificados no projeto. Esse valor pode ser determinado como sendo uma porcentagem do custo total estimado para o projeto, um valor fixado ou pode ser calculado com a utilização de métodos de análise quantitativa dos riscos identificados. O cálculo do valor da contingência pode contemplar os custos de ações sobre as variáveis relacionadas à severidade de um risco, que tem como principais componentes: a probabilidade e o impacto. Eventualmente, pode-se ter um valor específico para os riscos não identificados (*unknown risks*), no caso, a Reserva Gerencial. (TERIBILI FILHO, 2014).

Palavras-chave

- Viagem – políticas; políticas de viagem; Reserva de Contingência.

Referência

TERRIBILI FILHO, Armando. *Gerenciamento dos Custos nos Projetos*. Coleção "Grandes Especialistas Brasileiros em Gerenciamento de Projetos". Rio de Janeiro: Elsevier, 2014.

LIÇÃO **10**

Uma ata de reunião não precisa ser um "samba-enredo"

Em uma empresa de grande porte no Estado de Santa Catarina, diversas equipes de projetos nem sempre documentavam as reuniões e, quando registravam, muitas vezes, faziam de modo incorreto e pouco prático.

Em algumas áreas, havia a cultura de registrar detalhadamente todos os comentários, pensamentos e ideias em longos textos que continham duas, três e, às vezes, até quatro ou mais páginas. Isso significava muitos esforços tanto para elaboração das atas como para a recuperação de informações sobre os projetos conduzidos, não sendo possível um acompanhamento adequado das ações definidas e das decisões tomadas. Resultado: não havia benefícios claros de fazer o registro de uma reunião, e os profissionais, em geral, não tinham motivação para gerar e para ler esses documentos.

Ao perceber essa situação, um profissional de projetos definiu um padrão de registro de reuniões, que chamou de "ata ágil". O objetivo foi implantar um resumo prático, enxuto, com informações que fossem, de fato, relevantes, e que pudesse ser distribuído de maneira rápida e fácil a todos os envolvidos. Para isso, utilizou-se um formato para envio diretamente por *e-mail*, sem a necessidade de arquivos anexos, com o objetivo de facilitar a leitura imediata em dispositivos móveis.

As instruções de uso corretamente recomendavam criar a ata "antes" da reunião, assim as pessoas já se preparavam realizando o exercício de pensar nos resultados, objetivos e na maneira de conduzir a dinâmica para atingir os objetivos. Salvo em algumas reuniões de *brainstorming*, em que não é recomendável predefinições ou restrições, a maioria das reuniões tem poucas reviravoltas que exijam uma completa refor-mulação de uma ata.

Outra recomendação era de utilizar o campo "Para" (destinatário) do *e-mail* para colocar somente as pessoas que participaram da reunião. E no campo "Cc" (com cópia) os demais envolvidos para conhecimento (cientes), que não participaram, replicando assim os campos existentes nas atas tradicionais, porém de modo mais prático.

O modelo adotado (ver Figura 6) abrangeu os seguintes tópicos:

1. Alinhamento e decisões

Contém um breve relato das decisões, entendimentos e acordos mais importantes. São duas ou três linhas que chamam a atenção para a ata, devem funcionar como um incentivo para que as pessoas leiam o restante. Não se deve colocar textos longos, mas sim tópicos com fra-ses curtas. Em geral, três linhas são suficientes e representam a pauta da reunião. Não deve ser utilizado para colocar ações e prazos.

2. Ações, responsáveis e prazos

As ações devem ser agrupadas por responsável e organizadas em ordem de prazo, do mais curto para o mais longo. Ao descrever uma ação, de-ve-se iniciar por um verbo. Cada ação deve ter um *único* responsável. É importante também avaliar, ainda durante a reunião, se há necessidade de ações para cada tópico do item 1. Em geral uma decisão gera uma ação, todavia, muitas vezes falha-se em não fazer essa validação.

3. Próxima reunião

Deve-se deixar claro a data, o local, o horário e a duração da próxima reunião, para que as pessoas fiquem cientes de que há uma cadência de controle.

Figura 6 – Modelo de ata de reunião no corpo do e-mail

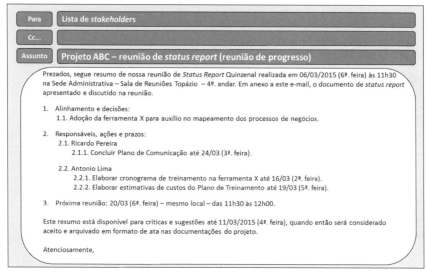

Fonte: Os autores.

É importante estabelecer uma data-limite para validação das informações pelos participantes, de modo que, se não houver retorno, considera-se o registro "aceito".

Utilizar uma "ata ágil" pode proporcionar um controle mais eficaz e eficiente de múltiplos projetos e frentes de trabalho.

Para registro

O que deu certo?

- Implantar um modelo ágil, atraente e de fácil uso, de claros benefícios para utilização de todos.

Como aplicar em outros projetos?

- Estabelecer um processo (padrão "ágil" de elaboração de ata) para enviar rapidamente as informações mais relevantes e, posteriormente, um modelo mais elaborado, se for necessário. No entanto, esse processo pode ser utilizado para projetos com baixo nível de complexidade, e sempre em conformidade com a cultura da organização.

- Colocar para cada item da ata um número sequencial e único no projeto (identificador do item), possibilitando a rastreabilidade de seu progresso, mesmo após sua conclusão.

O que deu errado?

- Um padrão aberto de texto no próprio *e-mail*, ao mesmo tempo que era amigável e flexível, também era facilmente alterado, o que dificultou a disseminação padronizada.
- Em alguns projetos, em que havia a procrastinação de tarefas, o controle não era tão efetivo e simplesmente se alteravam prazos de uma reunião para outra.

Como evitar novas ocorrências?

- Avaliar a possibilidade de se criar um formulário padronizado no *software* de *e-mail*.
- Estabelecer uma rotina de avaliação dos documentos produzidos pelas equipes de projetos.
- Adicionar um campo de "Prazo Original" e "Prazo Replanejado" para cada tarefa, de modo a expor claramente os atrasos.

Palavras-chave

- Atas de reunião; reuniões – ata; ata – modelo; ata ágil; *brainstorming*.

LIÇÃO **11**

O presidente da empresa pergunta: "Como está o projeto?"

Para organizar projetos em uma empresa em Curitiba, uma consultoria estabeleceu uma série de padrões de trabalho, entre os quais se destacou o *Status Report Ágil*.

Nesta empresa, havia um Escritório de Projetos e um relatório de *status* (ou de progresso) de projeto. Com três páginas, e uma série de informações a serem preenchidas, o relatório acabava sendo usado apenas em projetos grandes. Em projetos menores, não necessariamente menos importantes, havia alguns padrões diferentes, fruto da criatividade e da adaptação dos próprios líderes de projeto, embora não recomendados e homologados pelo profissional que havia instituído o *template* (modelo) original.

O *Status Report Ágil* implantado privilegiou as informações mais relevantes estruturadas e organizadas em um único *slide* por projeto, contendo apenas oito campos. De forma resumida, buscou enfatizar o andamento das entregas, as principais atividades realizadas no período, as atividades do próximo período e os principais riscos. Nesse caso, foi aplicada uma cadência quinzenal.

Essas informações passaram a subsidiar a tomada de decisão em relação a assuntos importantes de cada projeto, tornando sua comunicação mais clara e focada. Descrição dos campos utilizados no *Status Report Ágil*:

1. Objetivo

Descreve o objetivo do projeto de forma sucinta utilizando o acrônimo *SMART*, sendo *S – Specific, M – Measurable, A – Attainable, R – Realistic, T*

– Timely (em português: específico, mensurável, atingível, realista, temporal). Deve ser repetido em toda apresentação do *status report* para que, em todo momento do projeto, o objetivo final esteja em evidência. Não deve variar ao longo dos trabalhos, exceto por uma variável de mercado ou contexto de negócio, que justifique a mudança de objetivo e seja aprovada pela organização e pelo patrocinador do projeto.

2. Visão de entregas

Deve conter as principais entregas ou fases do projeto, com base no cronograma, limitado a cinco itens. As pessoas tendem a guardar com mais facilidade informações que estejam associadas a números, vale citar os clássicos, como: "Os 10 Mandamentos", os "5S" dos programas de Qualidade Total, os "7 passos", por isso, a visão de entregas pode buscar esse simbolismo mantendo e "evangelizando" durante o projeto a associação do cronograma a "5 principais entregas e/ou *milestones* (marcos do projeto)", por exemplo.[9]

3. Resumo executivo

É a descrição executiva do *status* do projeto. Para exemplificar, preenche-se este campo com a exata e precisa informação que se daria ao presidente da empresa, nos 10 segundos, durante um encontro casual no elevador, no trajeto entre o 4º andar e o térreo, para responder "Como está o projeto?".

4. Indicador gráfico

- Verde: projeto em dia, dentro do custo planejado e sem variações de escopo.
- Amarelo: projeto com tendência de atraso ou de desvio de custo. Projeto atrasado ou com desvio de custo, porém, com perspectiva de recuperação.

---

[9] A sigla 5S decorre de cinco palavras japonesas inciadas com a letra "S": *Seiri* (seleção e descarte), *Seiton* (organização), *Seiso* (limpeza), *Seiketsu* (normalização) e *Shitsuke* (disciplina). No *Seiri*, separa-se o que é útil do que é inútil, descartando-o; dessa forma, libera-se espaço físico. *Seiton* e *Seiso* indicam organizar e limpar o local. O *Seiketsu* representa padronizar o que foi estabelecido em termos de utilização, organização e limpeza; e finalmente, o *Shitsuke* indica manter a ordem e a disciplina, contando com a colaboração de todos.

- Vermelho: projeto com desvio de custo, prazo ou escopo, sem tendência de recuperação.

Ao lado do indicador pode-se utilizar uma ou mais letras para indicar o(s) ofensor(es), no caso de *status* amarelo ou vermelho, como: P (prazo), C (custo) e E (escopo).

5. Atividades realizadas na última quinzena

Descrição das principais ações que foram realizadas, limitando-as a cinco itens. Essas ações suportam e/ou sumarizam o cronograma e as entregas. Não são tarefas de cronograma e também não devem repetir a visão de entregas.

6. Atividades da próxima quinzena

As principais ações a serem realizadas, limitando-as a cinco itens. Essas ações suportam e/ou sumarizam o cronograma e as entregas. Não são tarefas de cronograma, e também não devem repetir a visão de entregas.

7. Pontos de atenção / Ações de mitigação

São os riscos do projeto, que podem impactar ou que já estão impactando a execução do projeto, bem como, as ações em curso ou aquelas que precisam ser tomadas para mitigação da severidade dos riscos (probabilidade e/ou impacto).

8. Pontos de decisão

Ações relevantes, de impacto direto no projeto, realizadas no período, ou que precisam ser decididas na reunião de *status* (ou de progresso), para minimizar ou evitar desvios de prazo, custo ou escopo do projeto.

Os líderes de projeto da organização aderiram ao novo método. Perceberam que em apenas um *slide*, com somente oito campos, eles poderiam informar o *status* de seu projeto. Posteriormente, os padrões foram aprimorados.

Para registro

O que deu certo?

- Agilidade de *report* (relatório) dos projetos de médio e pequeno portes.
- Objetivos SMART, sempre visíveis em todas as reuniões, fizeram aumentar a conscientização e o compromisso de todos com os objetivos do projeto, a todo tempo.

Como aplicar em outros projetos?

- Realizar treinamentos recorrentes e/ou até mesmo estabelecer uma certificação interna que promova o uso adequado de *templates* (modelos) do PMO (Escritório de Projetos).

O que deu errado?

- A periodicidade não deve ser padronizada para todos os projetos. Há projetos em que se deve estabelecer uma cadência semanal e para outros, apenas mensal.

Como evitar novas ocorrências?

- Planejar projetos-piloto com um número restrito de projetos para ajustes finos antes de implantar o padrão de trabalho para todos os projetos.

Palavras-chave

- *Status report*; projeto – *status report*; *status report* – campos; objetivos SMART; 5S; relatório de situação de projeto.

LIÇÃO **12**

Projeto Pronto. Próxima fase: projeto pronto, mesmo!

Uma grande empresa solicitou a uma consultoria a avaliação das causas que estavam levando o seu sistema de gestão integrada (ERP – *Enterprise Resources Planning*), implantado há dois anos, a continuar consumindo recursos financeiros e humanos para mantê-lo, na mesma intensidade da época do projeto de implantação.

De imediato, a consultoria verificou que não houve uma estratégia ou um plano para a ação após o início das operações (*go live*) do ERP. A organização percebia que os seus processos não eram estáveis e havia uma extensa lista de melhorias (*backlog*).

A consultoria realizou um levantamento com base em suas práticas de "sustentação de projetos implantados". Durante o trabalho, opiniões, dados e informações foram coletados em entrevistas e levantamentos de documentações, os quais foram utilizados como evidências. Os consultores focaram em responder a pergunta-chave: "Por que o sistema ERP ainda não estava estabilizado?".

Assim, o trabalho seguiu e, com base no método empregado, surgiram três novas perguntas auxiliares ao problema central, e os respectivos entendimentos e ações foram empregados:

1. A lista de *backlog* reflete as necessidades críticas do negócio? As estimativas de esforço e custos estão corretas?

Foi diagnosticado que após dois anos da implementação do sistema de ERP havia uma extensa lista com aproximadamente 200 *issues* (itens) de correções e melhorias. Algumas demandas consideradas como críticas, registradas à época do projeto de implantação, ainda permaneciam em aberto colocando em xeque a sua própria criticidade.

Foi identificado ainda a existência de melhorias estimadas em cerca de 1.500 horas de esforço (hora/homem), que deveriam ser tratadas como novos projetos, porém, estavam contidas na planilha de *backlog*. Havia, também nessa planilha, um número expressivo de outras 6.000 horas em atividades de desenvolvimento (customização). Ao analisar os esforços e a complexidade, foi constatado que as horas de implementação não eram equivalentes aos esforços do projeto original de implementação do ERP, realizado dois anos antes pela mesma equipe.

A solução para esse item foi mobilizar uma força-tarefa subdividida em frentes de negócio para rediscussão de toda a lista de demandas. Antes da realização dessa ação foram definidas algumas iniciativas prévias:

- Elaboração de detalhamento individual de esforço e custo para toda a lista;
- Estudo de alternativas na versão do ERP implantada;
- Avaliação de aderência ou solução nas versões mais recentes do software;
- Avaliação individual de criticidade e impacto na operação;
- Classificação das demandas entre melhorias e "novos projetos";
- Avaliação do impacto financeiro da implementação;
- Deliberação sobre permanência ou exclusão da demanda pelo diretor da área.

Houve ainda a recomendação de uma revisão técnica da planilha de *backlog* por parte de uma consultoria especializada no ERP, ou mesmo, da própria fornecedora do produto, e independente da operação de sustentação. Essa avaliação considerou, em primeira instância, a viabilidade de uma alternativa *standard* (padrão) dentro da versão atual e das próximas versões do ERP e, em segunda análise, a avaliação detalhada de esforço e custo efetivos para o desenvolvimento da solução.

2. Realmente é necessário manter os mesmos recursos de projeto na sustentação?

Ao constatar que a mesma equipe do projeto original permanecia na empresa após dois anos do *go live* e que havia até então alto volume de demanda e falta de visibilidade de um cronograma factível das mesmas, entendeu-se que não era possível de imediato avaliar a possibilidade de desmobilizar alguns recursos.

Foi então priorizada a avaliação técnica e independente do *backlog*. A separação do escopo entre melhorias e novos projetos também foi realizada. Após estas ações foi elaborado um novo cronograma de entrega com:

- Visão clara de alocação de recursos no tempo;
- Detalhamento de todas as fases de entrega de um desenvolvimento;
- Esforço e custo de implementação por demanda;
- Tratamento de entrega como projeto, com prazos, responsáveis, *status report* e comunicação;
- Plano de desalocação de recursos na linha do tempo.

3. Existe um processo rígido de aprovação de novas demandas?

Não foi identificada a existência de uma governança formal ao processo de aprovação de novas demandas; ao contrário, observou-se que cada nova solicitação era somada imediatamente à lista de *backlog*. Como resultado, verificou-se que, apesar de muitas demandas a ser resolvidas, um número ainda maior de novas solicitações era acrescido à lista, gerando a percepção de que a lista nunca diminuía e que não havia estabilidade nos processos.

Como solução, foi implantado um processo formal de governança de novas melhorias com orientações a todos os usuários. Um fluxo detalhado foi elaborado com alçadas de aprovação e com a premissa de que toda demanda deveria ser apresentada para apreciação com os esforços e os custos estimados.

Com as três perguntas respondidas e essas ações implantadas, a empresa de consultoria concluiu o trabalho com uma nova proposta de estrutura de sustentação, que abrangeu as seguintes informações:

- Política de incentivo a multiplicadores do ERP em cada área (com apoio da área de Recursos Humanos);
- Avaliação do esforço para suporte às demandas do dia a dia;
- Células de atendimento presencial através de multiplicadores;
- Construção de guias práticos para as principais mudanças;

- Fluxos distintos de atendimento a erros, dúvidas e melhorias;
- Modelo de escalonamento por severidade;
- Organograma da transição;
- Ferramentas (telefones, por exemplo).

Com essa estrutura, a sustentação do sistema ficou amparada por processos, tecnologia e políticas, possibilitando que implementações de novas funcionalidades fossem realizadas e incorporadas nesta mesma sistemática.

Para registro

O que deu certo?

- A contratação de uma consultoria externa que avaliou a situação com independência e autonomia.

Como aplicar em outros projetos?

- Ter um processo que garanta a avaliação periódica dos benefícios organizacionais de projetos já implantados, e que esse processo alerte para a contratação de apoio externo, quando necessário.

O que deu errado?

- A falta de um plano de sustentação que deveria ter sido elaborado ainda em tempo de projeto de implementação.

Como evitar novas ocorrências?

- Criar um *checklist* (lista de verificação) de encerramento de projetos ou de fases, que inclua a entrega de um plano de sustentação para todo projeto/fase concluída, de acordo com requisitos pré-definidos.

Palavras-chave

- Melhorias; ERP – implantação; ERP – sustentação.

LIÇÃO **13**

Respeitando inibições, limitações e restrições pessoais

Todo gerente de projetos se depara com dificuldades para alocação de profissionais em projetos. As causas são diversas, e as mais comuns são: recursos não disponíveis para o projeto, recursos sem as habilidades requisitadas para o desempenho das atividades planejadas e questões de ordem pessoal. Vejamos duas situações que retratam a causa "questão pessoal", que pode ser inibição, limitação ou restrição para atuar em projeto específico.

A primeira ocorreu em um projeto de uma empresa de consultoria na capital paulista: havia necessidade de se fazer um levantamento de dados em uma organização pública, que tem como meta a execução de medidas socioeducativas a menores infratores, aplicadas pelo Poder Judiciário. Essa atividade era crucial para a elaboração de uma proposta de serviços, pois envolvia a realização de entrevistas com os gestores e a observação em campo de alguns processos do dia a dia da instituição.

À época, essa entidade havia sido palco de recentes e violentas rebeliões, alguns servidores foram feitos reféns, sendo usados pelos menores infratores como instrumento de negociação de suas reivindicações. A profissional alocada para fazer a atividade, ao saber do local que deveria trabalhar por cerca de uma semana, com transparência e sinceridade, disse que se sentia desconfortável para atuar na instituição, julgando tratar-se de uma limitação pessoal, pois não se sentia segura e solicitava sua substituição no projeto. E assim foi feito pelo gerente de projetos.

Situação análoga ocorreu em outro projeto na cidade do Rio de Janeiro a ser desenvolvido pela mesma consultoria em uma empresa de comunicação impressa. O objetivo do projeto era efetuar a reengenharia em alguns processos-chave da organização, buscando otimizá-los. Como define Oliveira (2005), a reengenharia é um trabalho participativo de elevada amplitude, direcionado para os negócios e seus resultados, que tem como sustentação o desenvolvimento e a implementação de novos procedimentos que integram funções e unidades organizacionais da empresa na busca contínua de excelência na prestação de serviços e fornecimento de produtos aos clientes.

Um dos profissionais alocados ao projeto era "filho" de um dos proprietários da empresa. Profissional competente e responsável, ainda que disposto a colaborar com as duas organizações (a empresa de consultoria para a qual trabalhava e a empresa de seu pai), procurou pelo gerente de projetos e informou da situação. Embora não tivesse restrição alguma em atuar naquele "cliente especial", disse que se sentia inibido em realizar serviços de consultoria na empresa que, de forma direta ou indireta, era também sua. Entendendo o pleito do profissional, a empresa de consultoria efetuou a substituição.

Nas duas situações, as solicitações pessoais dos profissionais foram atendidas, porém deve-se destacar a atitude dos mesmos. No primeiro caso, o profissional se prontificou a atuar em toda e qualquer atividade relacionada ao projeto, que não fosse "in loco" na instituição, como preparação dos formulários para coleta de dados, elaboração dos roteiros de entrevistas, consolidação das informações obtidas, análise dos dados, confecção da apresentação final à diretoria da instituição, etc.

No segundo caso, a atitude do profissional também foi de apoio ao projeto e à realização de atividades a ele designadas, todavia, deixava claro que não se sentia à vontade para realizar entrevistas ou fazer apresentações a seus familiares, pois a apresentação de novos processos, decorrentes do serviço de reengenharia, evidenciava falha aos atuais. Prontificou-se a fazer o *back office* (retaguarda) do projeto.

Nos dois casos apresentados, embora os profissionais tenham se recusado a participar de algumas atividades dos projetos por questões de ordem pessoal, tiveram "atitudes" positivas e construtivas. Assim, deve-se resgatar a sigla CHA, que representa Conhecimento, Habilidades e Atitudes. O Conhecimento é relacionado ao "saber": conceitos, teorias, ferramentas e técnicas; as Habilidades estão relacionadas ao "saber fazer" – experiências já realizadas, vivências, domínio prático e contínuo de um determinado tema; e as Atitudes relacionam-se ao "querer fazer", englobando os valores, os aspectos de motivação, colaboração e carisma. (RABAGLIO, 2001).

Os dois profissionais tiveram atitudes que demonstraram caráter, ética, colaboração e compromisso, transformando um "não" em algo positivo, de contribuição mesmo diante de inibições, limitações ou restrições pessoais.

Para registro

O que deu certo?

- Postura dos profissionais diante de suas limitações e/ou restrições pessoais.
- Respeito do gerente de projetos às inibições, limitações e restrições pessoais de seus profissionais, realizando uma correta avaliação.

Como aplicar em outros projetos?

- A postura de respeito é obrigatória a qualquer profissional, gerente ou não.

O que deu errado?

- Alocações de profissionais em empresas de propriedade de sua própria família.

Como evitar novas ocorrências?

- Pesquisar, sempre que possível e de modo antecipado, se os profissionais que atuarão no projeto têm alguma condição específica que os limitam ou mesmo impossibilitam suas participações em um dado projeto.

Palavras-chave

- Alocação de profissionais; CHA; projeto – alocação de profissionais; motivação; atitude.

Referências

OLIVEIRA, Djalma P. R. *Administração de processos*. São Paulo: Atlas, 2005.

RABAGLIO, Maria Odete. *Seleção por Competências*. São Paulo: Educator, 2001.

LIÇÃO 14

Quando a autoestima da equipe compromete o desempenho

Projeto de *outsourcing* (terceirização) de *Call Center* para uma instituição financeira, que tinha como escopo o atendimento telefônico para usuários internos à instituição, com cerca de 60 posições de atendimento. Contrato bem elaborado, com *Service Level Agreement* (SLA), ou nível de serviço realista para atuação da consultoria na modalidade 24 x 7 (o dia todo, todos os dias da semana).

O projeto foi implantado com sucesso, mas após alguns semestres os resultados se mostravam muito ruins. Embora houvesse estudos para o correto dimensionamento da equipe, com distribuição dos recursos em turnos diários (em função da demanda), o desempenho estava muito aquém das condições contratuais. O principal indicador de desempenho do contrato era que 85% das ligações telefônicas deveriam ser atendidas em até 60 segundos.

Como o projeto estava com baixa margem de lucratividade, alguns recursos haviam sido transferidos para outros projetos, comprometendo ainda mais o desempenho: dos 85% esperados, atingia-se a pífia marca de 29%. As reclamações dos usuários eram frequentes e contínuas, o tempo de espera em algumas ligações ultrapassava 60 minutos (isso mesmo, minutos!), a quantidade de *e-mails* enviados aos gerentes e diretores da instituição financeira, responsáveis pela contratação da empresa de consultoria, crescia a cada dia e clamavam pelo rompimento imediato do contrato.

Diante do caótico cenário, foram injetados novos recursos ao projeto, tendo por base estudos de dimensionamento realizados por um especialista na área. A medida trouxe algumas melhorias, porém insuficientes para

108 • *Lessons Learned* em Gerenciamento de Projetos: 40 Lições Aprendidas

fortalecer a relação com o cliente, que se mantinha incrédulo e descontente. Atingia-se a marca de 42%, entretanto, muito distante do SLA contratado que era de 85%.

A equipe do projeto tinha dois supervisores: o primeiro era comunicativo, simpático e paternalista, protegendo sempre os integrantes da equipe, sobretudo, seus amigos pessoais. A segunda supervisora, que substituía o supervisor principal em sua ausência, era mais efetiva, exigente e pragmática.

O moral da equipe estava baixíssimo. Isso se evidenciava por elevado número de faltas, atrasos constantes na entrada dos funcionários, atrasos no retorno do almoço e até apatia nas relações entre as pessoas.

O gerente do projeto havia sido substituído há pouco tempo, em função de pressão da instituição financeira junto à consultoria. O novo gerente aproximou-se dos líderes, da equipe e do cliente, mantendo-se constantemente presente.

Entre as medidas adotadas pelo novo gerente do projeto, pode-se mencionar a implantação de sistemática de realização de reuniões a cada três semanas com todos os integrantes da equipe. A mesma reunião era realizada em três horários no dia, para que todos pudessem participar, independentemente de seu turno de trabalho. A executiva do cliente, sábia e decidida, abraçou a ideia e apoio-a de forma ímpar: passou a participar das reuniões. As reuniões com duas horas de duração englobavam: projeções de vídeos, palestras motivacionais, dinâmicas de grupo, apresentação de boas práticas e "A voz do cliente". As reuniões comprometiam ainda mais o desempenho do projeto naquele dia, pois a equipe ficava desfalcada nos horários das reuniões.

Nas primeiras reuniões, ocorreu uma esperada "explosão" de queixas e reclamações. A equipe se sentia abandonada, sem prestígio algum e percebia que o projeto era pouco valorizado na consultoria. Em poucos meses, os resultados foram mudando, a autoestima das pessoas e a da equipe foram crescendo, assim como os resultados dos indicadores. Os gráficos de desempenho eram apresentados diariamente à equipe por meio de painéis disponíveis na sala de trabalho; a equipe se comprometia cada vez mais com o projeto. Rapidamente atingiu-se 74%, 84%, 92% e 96%, para um SLA contratado de 85%.

Essa rápida conquista foi motivo de comemoração, inclusive com a realização de uma festa na empresa de consultoria. Fotos e depoimentos propiciaram uma matéria especial na Intranet da empresa, mostrando como se salta de um desempenho de 29% para 96% em poucos meses.

As iniciativas não pararam nisso. Os profissionais do projeto eram convidados para comentar as boas práticas adotadas para as outras equipes de outros projetos. Em seguida, organizou-se uma gincana tendo por base a melhoria da qualidade, os cafés da manhã se sucediam mensalmente para comemorar os aniversários do mês, os *happy hours* aconteciam com frequência, com uma equipe integrada, motivada e comprometida.

O sucesso deste projeto viabilizou a expansão de outros e expressivos negócios da consultoria com a instituição financeira, e sobretudo, fez com que os profissionais se sentissem valorizados, reconhecidos e realizados.

Para registro

O que deu certo?

- Elaboração de planejamento de capacidade (quantidade de recursos necessários de acordo com a demanda e respectiva capacitação).
- Implantação de reuniões a cada três semanas com a participação de todos, com agenda pré-definida, englobando aspectos motivacionais, de boas práticas e de debates.
- Participação e compromisso da executiva do cliente.

Como aplicar em outros projetos?

- Estabelecer um sólido tripé que possibilite o sucesso de um projeto: ter a quantidade de recursos bem definida e bem treinada; buscar o compromisso da equipe (valorizando-a) e obter o apoio do cliente.

O que deu errado?

- Supervisor paternalista, e por vez parcial, dificultava o processo de comunicação no projeto.

Como evitar novas ocorrências?

- Gerente do projeto deve se manter fisicamente próximo à equipe, aos supervisores e ao cliente, identificando rapidamente pontos de potenciais problemas.

Palavras-chave

- SLA; nível de serviço; palestras motivacionais; cliente – compromisso.

LIÇÃO **15**

A importância do patrocinador (*sponsor*) no sucesso de um projeto

Um projeto de envergadura em empresa sediada em uma capital estadual da Região Sudeste contemplava a implantação de sistemática para controle de acesso de funcionários e visitantes às suas instalações, incluindo os estacionamentos. O projeto englobava aspectos de infraestrutura de Tecnologia da Informação (servidores e sistemas), de dimensionamento e instalação de catracas e cancelas, de confecção de crachás para identificação de mais de 2.000 funcionários e de treinamento das equipes.

O crachá, à época chamado de "crachá inteligente", possibilitava facilidades no refeitório da empresa e em algumas empresas conveniadas, pois continha um *chip*. Neste *chip* estavam registradas informações dos profissionais com utilidade para área médica, como tipo sanguíneo do funcionários e particularidades de sua saúde, a fim de garantir o correto atendimento médico em caso de emergência.

O patrocinador do projeto era o diretor administrativo-financeiro, ele se orgulhava do projeto, ainda em fase de desenvolvimento, caracterizado por obras físicas para instalação das catracas, das cancelas e dos detectores de massa no controle de acesso de veículos (atua como proteção e aciona o fechamento da cancela após a passagem do veículo), movimentação de funcionários para captura de fotos (crachá), atualização dos registros de funcionários, cadastramento de veículos, gravação dos *chips*, confecção e distribuição dos crachás, e treinamento em cinco modalidades: para os profissionais da área de Recursos Humanos, recepcionistas de visitantes e seguranças da portaria, supervisores de estacionamento, equipe de suporte tecnológico e, finalmente, funcionários em geral.

O projeto movimentava toda a empresa. Como em todo processo de mudança, havia os que apoiavam incondicionalmente o novo projeto, pois percebiam que teriam mais segurança, além de facilidades operacionais; em contrapartida, alguns profissionais se posicionam contrários, dizendo que seriam controlados e vigiados pela administração da empresa.

No organograma da empresa, estavam abaixo do presidente: o diretor administrativo-financeiro, o diretor de operações, o diretor de marketing e o diretor de recursos humanos. Conforme afirma Daft (2010), o organograma é a representação visual da empresa que delineia a cadeia de comando, indica as tarefas departamentais e como elas se encaixam, proporcionando ordem e lógica para a organização. Ademais, cada funcionário tem linha de autoridade e responsabilidade de decisão.

Após vários meses de planejamento, seleção e contratação de fornecedores, execução de serviços, comunicações internas, dizia-se nos corredores que um dos diretores não apoiava o projeto e que sua equipe não utilizaria crachás para adentrar às instalações da empresa ou aos estacionamentos.

A "rádio-peão" criou uma crise total no projeto. O que teria ocorrido? Seria verdade? Qual seria a causa de sua rejeição?

Assim que soube do comentário, o gerente do projeto foi conversar com o patrocinador, o diretor administrativo-financeiro, uma vez que em poucas semanas a sistemática entraria em operação em toda a empresa. Se houvesse a rejeição de qualquer área, a implantação teria de ser suspensa, pois não havia possibilidade alguma de ser efetuada de modo parcial (essa operação é para todos ou para ninguém!). E o investimento financeiro? E o esforço das pessoas? O tempo despendido?

Vale ressaltar que o "patrocinador" é um profissional que propõe um projeto e indica quais resultados pretende gerar, tem autoridade para solucionar controvérsias e tomar decisões, fornece os recursos necessários até a conclusão do projeto e dedica tempo para acompanhar todas as etapas de planejamento e a execução, participando das reuniões de progresso, apoiando e tomando decisões. (HELDMAN, 2005).

No caso específico do diretor financeiro-administrativo, ele havia cumprido todos os quesitos, em termos de apoio no fornecimento de recursos, compromisso, assertividade nas tomadas de decisão, entretanto, não havia negociado com seus pares (outros diretores), de modo contundente, a participação de suas áreas no projeto, ou seja, o patrocinador não tinha "autoridade" sobre os demais diretores, embora o projeto fosse de conhecimento de todos, inclusive do presidente.

Para sanar o impasse, que era uma questão de vaidade do outro diretor, e não um impedimento consistente ou legal, o diretor administrativo-financeiro buscou apoio do presidente da empresa. Este, imediatamente o concedeu e determinou que todas as diretorias acatassem a nova operação, entretanto ressaltou ao patrocinador do projeto que deveria ter tido uma abordagem específica com seus pares a fim de obter o apoio formal de todos, solicitando que fizesse isso, de forma antecipada, em suas próximas iniciativas.

Para registro

O que deu certo?

- Projeto bem estruturado e apoio incondicional do patrocinador *(sponsor)* – condição *sine qua non* para o sucesso de um projeto.

Como aplicar em outros projetos?

- Ter o patrocinador informado e comprometido com o progresso do processo, pois é ele quem apoia o gerente de projetos.

O que deu errado?

- O patrocinador desconsiderou seus pares, avaliando que tinha autoridade plena sobre eles.

Como evitar novas ocorrências?

- O patrocinador deve fornecer apoio financeiro e político (autoridade) para um projeto; se não o tem, deve buscá-lo nos níveis superiores.

Palavras-chave

- *Sponsor*; patrocinador; projeto – patrocinador; organograma.

Referências

DAFT, Richard L. *Administração*. São Paulo: Cengage Learning, 2010.

HELDMAN, Kim. *Gerência de Projetos – Fundamentos*: um guia prático para quem quer certificação em gerência de projetos. 5. ed. Rio de Janeiro: Elsevier, 2005.

LIÇÃO **16**

Templates podem comprometer a credibilidade

É relativamente comum que os projetos necessitem de recursos externos, seja de mão de obra, materiais ou serviços, visando complementar uma determinada *expertise* ou comprar algo não produzido internamente pela organização.

Os processos de aquisição nas organizações podem ser "centralizados" ou "descentralizados". No primeiro caso, a área de compras é que tem autoridade para efetuar as aquisições, mediante os critérios preestabelecidos na organização. Descentralizado, quando a equipe de projeto tem autonomia para decidir e adquirir produtos e serviços, em função de suas necessidades. Xavier *et al.* (2010) destacam como principais vantagens na modalidade centralizada: a área de compras tem maior *expertise* em aquisições, as práticas executadas são padronizadas, há compartilhamento de recursos administrativos (menor custo), o processo tem maior controle, além do ganho de escala nas negociações com os fornecedores. Em contrapartida, a modalidade de aquisições descentralizadas tem como vantagens: maior conhecimento técnico, a prioridade da compra é atribuída pela equipe do projeto, consequentemente, há uma maior agilidade nas aquisições.

Turban *et al.* (2007) destacam que um processo de aquisição tem pelo menos cinco etapas:

- Etapa 1 – Identificar possíveis fornecedores
- Etapa 2 – Determinar critérios de avaliação
- Etapa 3 – Avaliar os fornecedores
- Etapa 4 – Escolher o fornecedor
- Etapa 5 – Negociar um contrato

A Etapa 1 (Identificar possíveis fornecedores) é relativa às pesquisas na base de dados de fornecedores da empresa, pesquisa às Lições Aprendidas, consultas na Internet, em publicações especializadas e indicações de profissionais. A Etapa 2 (Determinar critérios de avaliação) é relativa à definição de quais critérios serão considerados na avaliação dos possíveis fornecedores; critérios estes que devem ser, preferencialmente, tangíveis, quantificáveis e verificáveis. Cada item a ser avaliado deve ter um peso previamente estabelecido. A Etapa 3 (Avaliar os fornecedores) consiste no recebimento das propostas e atribuição de notas para cada item avaliado. O cálculo de média ponderada (peso e notas para cada item) permite estabelecer uma ordenação dos fornecedores, com base em simples cálculo matemático. A Etapa 4 (Escolher o fornecedor) é relativa às negociações com os primeiros colocados na ordenação efetuada anteriormente. Finalmente, a Etapa 5 (Negociar um contrato) consiste na negociação e assinatura do contrato com o fornecedor.

No caso desta Lição Aprendida, a empresa deveria realizar a aquisição de um serviço, pois não tinha capacidade para desenvolvê-lo internamente. Para tanto, preparou um documento indicando claramente o que pretendia adquirir, com os requisitos e critérios de aceite. Este documento é fundamental para que o produto/serviço adquirido tenha a qualidade esperada e atenda aos requisitos do projeto.

A empresa trabalhava na modalidade "aquisições centralizadas", pois era a área de *Procurement* (compras) que tinha autoridade para escolher o fornecedor e comprar; todavia, autorizava e recomendava que as equipes de projeto realizassem as Etapas 1, 2 e 3, ou seja, identificar os fornecedores, identificar o modelo de avaliação técnica e selecionar três potenciais fornecedores. Com esse modelo híbrido, havia um ganho para a empresa, pois a escolha técnica ficava sob responsabilidade de quem conhecia o assunto, e a escolha comercial, com a área que tem maior habilidade de negociação, além de utilizar-se de modelos de cláusulas e contratos previamente avaliados pela área jurídica, reduzindo riscos e exposições para a empresa contratante.

Após a identificação dos possíveis fornecedores e a definição dos critérios de avaliação, solicitou-se as propostas para seis empresas. No transcorrer da Etapa 3, ao analisar as propostas, a equipe de projeto identificou uma empresa (sólida e reconhecida no mercado) que apresentava uma proposta que atendia plenamente aos requisitos do projeto, tinha ótima diagramação, apresentava gráficos coloridos e era luxuosamente encadernada. Era indiscutivelmente a melhor proposta; todavia, em vários pontos do texto, em vez de mencionar o nome da empresa que havia solicitado a proposta, mencionava o nome de uma instituição bancária; ou seja, tratava-se de um *template* que havia sido mal utilizado, mal "customizado", mantendo o nome e outras informações de uma empresa externa ao processo. Certamente, o arquivo que serviu de base para a elaboração da proposta havia sido previamente utilizado em outro negócio.

A proposta foi imediatamente desclassificada, pois ficou sem nota no item "qualidade". Afinal, quem poderia garantir que os serviços entregues também não teriam origem em um outro *template* de um serviço entregue a outra empresa?

Para registro

O que deu certo?

- Critérios de avaliação de fornecedores bem claros, objetivos, tangíveis e verificáveis.
- Tomada de decisão criteriosa e corajosa.

Como aplicar em outros projetos?

- Elaborar os critérios de avaliação antes do recebimento das propostas, com respectivos pesos, possibilitando tornar o processo de ordenação de fornecedores em modelo matemático.

Palavras-chave

- Aquisição; *Procurement*; aquisições – centralizadas; aquisições – descentralizadas; fornecedores; gerenciamento – das aquisições.

Referências

TURBAN, Efraim; RAINER JR., Kelly; POTTER, Richard E. *Introdução a Sistemas de Informação: uma abordagem gerencial*. Rio de Janeiro: Elsevier, 2007.

XAVIER, Carlos Magno da Silva; WEIKERSHEIMER, Deana; LINHARES, José Genaro; DINIZ, Lucio José. *Gerenciamento de aquisições em projetos*. 2. ed. Rio de Janeiro: FGV, 2010.

LIÇÃO **17**

A Hora H do Dia D

A expressão "Dia D" é uma referência ao dia 6 de junho de 1944 (Segunda Guerra Mundial), quando houve a invasão avassaladora das forças aliadas na costa da Normandia (França), tornando-se dia decisivo para o início do encerramento da guerra. Em projetos, pode-se dizer que o Dia D é o dia do lançamento de um novo produto, do início da operação de uma nova fábrica ou o primeiro dia de operação de um novo *software*. São "momentos da verdade", quando todos os esforços de projeto são postos à prova.

Em projetos, alguns momentos podem ser mais decisivos que outros. E isso pode mudar de acordo com o papel exercido no projeto. Para o líder de projeto, por exemplo, o dia da entrega não é, necessariamente, o dia mais importante. Ao contrário, em geral, os momentos decisivos para o líder antecedem a entrega e, por vezes, até mesmo, ocorrem antes da existência do projeto.

Um típico momento decisivo para um líder de projeto é uma reunião de *Go/No-go*, quando dias antes do efetivo lançamento, por exemplo, um novo produto e todas as ações de marketing, logística e produção, necessárias para o seu lançamento no mercado, são avaliadas previamente. Ou seja, é o grande momento, quando se define que realmente o novo produto tem condições de ser lançado, que ele está apto para o Dia D.

Em alguns projetos, muitas vezes, essa avaliação permanece apenas no campo das percepções ou dos sentimentos dos *stakeholders* (interessados no projeto). Quando muito, é apresentado um percentual de completude das atividades do cronograma. O correto, em verdade, é aplicar uma "análise de prontidão" especializada, pela qual seja possível

Lessons Learned em Gerenciamento de Projetos: 40 Lições Aprendidas

obter um *score* com o nível percentual de prontidão do projeto. Com um instrumento assim, é possível deixar muito claro para todos os *stakeholders* o que está pronto e o que não está, obtendo o aval e o consenso de todos para que o projeto siga ou não para o Dia D.

É interessante que, diante de uma mesma situação, mas em projetos distintos, em momentos decisivos, um mesmo líder de projeto pode obter resultados completamente diferentes. A seguir, são apresentados dois exemplos.

No primeiro caso, um projeto necessitava de mais 90 dias de adição ao cronograma originalmente previsto. Algumas tensas reuniões entre um comitê de gestão e o patrocinador ocorreram. Em uma das agendas houve uma forte pressão do patrocinador para que o cronograma fosse adiado em apenas 30 dias. A justificativa era de que uma extensão de 90 dias poderia, segundo ele, gerar um efeito de relaxamento na equipe; pois, segundo o patrocinador, o projeto deveria "manter a pressão da data".

O líder de projeto, oportunamente, se posicionou contrário a essa sugestão. Seu argumento foi de que não havia a condição técnica de garantir o cumprimento do cronograma com somente 30 dias adicionais. Mencionou exemplos e mostrou as tarefas do caminho crítico do projeto. Com esta incerteza – continuou argumentando – os prováveis novos adiamentos teriam um efeito muito mais nocivo, tanto para a equipe do projeto (desmotivação por metas e prazos inexequíveis, além de transmitir falta de confiança à equipe) como para o restante da empresa (perda da credibilidade do projeto por constantes replanejamentos e adiamentos). Além disso, posicionou que a ação para evitar um relaxamento seria um acompanhamento diário de metas, o que passaria a ser evidenciado por meio de mecanismos de gestão à vista, diários de bordo e outros relatórios. O patrocinador, então, aceitou os argumentos e concedeu o prazo adicional de 90 dias. O projeto foi implantado com sucesso na nova data acordada.

No segundo exemplo, diante da mesma situação, havia a necessidade de 45 dias de prazo adicional. Porém, o líder não obteve o mesmo êxito. Tratava-se de um projeto de implantação de um sistema de gestão em uma outra empresa, um hospital. Ao apresentar a necessidade do prazo adicional, o pedido de 45 dias foi negado e concedido apenas 15 dias. A principal justificativa deste patrocinador também foi a de "manter a pressão da data". Contudo, os embates e a discussão diária sobre a possibilidade ou não de cumprir cada replanejamento tomou conta do ambiente do projeto, retirando o foco da equipe no resultado ou no produto que seria entregue. Por fim, o Dia D mudou três vezes, e o hospital acabou levando mais de cinco meses para estabilizar seus processos no novo sistema, sendo que a entrega não gerou o resultado esperado.

Para registro

O que deu certo?

- No primeiro caso, um comitê de gestão era conduzido pelo líder, o que permitiu uma decisão colegiada mais assertiva.
- Em ambos os casos, uma avaliação de prontidão especializada foi realizada, o que permitiu um *score* claro sobre o nível em que os projetos se encontravam. No caso do segundo projeto, essa avaliação resguardou a responsabilidade do líder de projeto pela decisão do patrocinador.

Como aplicar em outros projetos?

- Estabelecer um método de análise de prontidão e um *milestone* (marco) no cronograma dos projetos.

O que deu errado?

- No segundo caso, a falta de reuniões prévias e/ou decisões mais colegiadas.

Como evitar novas ocorrências?

- Estabelecer comitês de gestão para tomadas de decisão.

Palavras-chave

- Tomada de decisão; decisão – *Go/No-go*; *Go/No-go*; prazos – adiamento; caminho crítico.

LIÇÃO 18

Além de gerenciamento e técnica é preciso coragem

Liderança é acima de tudo, coragem.
JOHN MAXWELL

Como primeira medida estruturante para trilhar um caminho de modernização e expansão, uma indústria de médio porte no Estado do Paraná selecionou e contratou um sistema de gestão integrada (ERP – *Enterprise Resources Planning*), para substituir seus aplicativos empresariais próprios utilizados por cerca de 30 anos.

A fornecedora do sistema ERP era uma multinacional norte-americana e com alguns projetos de insucesso, resultado de problemas específicos com uma consultoria implementadora brasileira, que acabou por perder o seu credenciamento. Este projeto era uma das oportunidades da multinacional recuperar a credibilidade de seu produto no Brasil.

Considerando a abrangência do projeto e o paralelismo dessa iniciativa com as demais atividades do negócio, a empresa definiu os seguintes direcionadores:

- Utilizar ao máximo os recursos disponíveis na ferramenta-padrão *(standard)*, ou seja, com o menor nível possível de customizações;
- Integrar e aperfeiçoar toda a cadeia de processos da empresa, inclusive o chão de fábrica, eliminando retrabalhos por meio de processos integrados e reduzindo custos operacionais;
- Buscar a eficiência no uso das informações, subsidiando todas as áreas da empresa, minimizando riscos e perdas com uma solução mais confiável.

A implementação foi iniciada com o apoio de uma consultoria recomendada pela fornecedora do produto. O escopo acordado previa a implantação de oito módulos: Industrial, Planejamento, Comercial

(CRM), Financeiro, Tributos, Contábil, Logística e Suprimentos. Foram também definidas integrações com seis sistemas complementares (satélites), para os temas: Fiscal, Coletores de Dados (Logística), Exportação, Projetos, Recursos Humanos e Planejamento e Controle da Produção (PCP). Os melhores profissionais de cada área foram disponibilizados pela empresa, a fim de aumentar a probabilidade de sucesso do projeto.

O cronograma original previa uma implantação em dez meses, a contar de janeiro daquele ano, e com o término previsto para o mês de outubro. Os esforços iniciaram-se com definições da equipe interna, planejamento do projeto e levantamentos iniciais dos processos pela equipe da empresa implementadora.

Transcorridos dois meses do início do projeto, os trabalhos não estavam evoluindo a contento. A fornecedora do produto possuía uma metodologia de implementação inovadora, que não era bem conhecida pela equipe e pelo gerente do projeto da implementadora. Isso gerou atritos com a gestão da empresa, que se agravaram rapidamente devido à intensidade do projeto e ao prazo exíguo. Restando oito meses, não se tinha um plano de projeto e havia uma sensação de descontrole, que culminou na arriscada decisão de trocar o gerente do projeto da implementadora.

Ao avaliar as alternativas, a indústria entendeu que uma simples substituição não resolveria, de fato, a questão. Constatou-se que a cultura de gestão da implementadora, embora recomendada pela fornecedora do produto, não era compatível com os anseios e os critérios da empresa contratante.

O executivo patrocinador era uma pessoa experiente e sabia da complexidade e da importância do projeto. Sabia também que insistir em cobrar da implementadora o que ela não tinha condições de entregar não resolveria o problema. Trocar de implementadora traria um prejuízo ainda maior para o projeto e para os objetivos do patrocinador e o futuro da empresa.

Optou-se então por atacar diretamente o problema. Foi contratada uma consultoria comprovadamente especializada em gestão de projetos de ERP e *softwares* de mercado. Em linhas gerais, essa consultoria de gestão aportou uma estrutura independente do implementador, entretanto, se posicionando como referência em metodologias e práticas utilizadas em projetos de ERP e estabeleceu uma estrutura de PMO (Escritório de Projetos) específica para o controle do projeto.

Enquanto os entendimentos e a contratação ocorriam, mais um mês se passava. A esta altura, faltavam sete meses para a data inicialmente planejada. O projeto necessitava imediatamente de um replanejamento, o que foi realizado na efetivação da contratação.

Com todas as atividades críticas consideradas e a metodologia da consultoria de gestão empregada, surgiu uma nova data de início de operação do novo sistema (*go live*): a virada do ano, ou seja, dois meses adicionais ao inicialmente planejado. Cada mês de atraso representava cerca de 350 mil reais adicionais ao custo do projeto.

Após algumas negociações intensas e argumentos técnicos muito bem justificados, a diretoria e o conselho de administração aprovaram a mudança da data, porém com uma ressalva contundente: não haveria um novo replanejamento. Isso representou uma preocupação adicional para todos. De todo modo, o compromisso foi aceito.

A nova gestão assumiu o desafio e estabeleceu uma série de ações que garantiram a implantação na nova data acordada. Entre essas ações, vale ressaltar uma em especial, que chamou a atenção, pois não era nada convencional ou tecnicamente recomendável. Foi corajosa: a elaboração de um "cronograma de chegada". Ou seja, estabelecida a nova data de *go live*, foram predefinidas "datas-alvo", para todas as fases intermediárias como parametrizações, treinamentos, ciclos de testes, etc. Em qualquer sinal de desvio, eram mobilizados mutirões em horários alternativos e finais de semana ou, no limite, o escopo era retirado. Não havia alternativa: o prazo tinha de ser cumprido. E foi.

Para registro

 O que deu certo?

- Equipe altamente capacitada no âmbito da gestão de projetos de implantação de gestão integrada, o que permitiu assumir desafios e riscos que fugiram das condições normais de "temperatura e pressão".
- Apoio externo especializado, que aportou uma visão independente e transparente dos resultados do projeto para os executivos.

Como aplicar em outros projetos?

- Avaliar em quais projetos se deve trazer apoio externo para uma gestão especializada.

Palavras-chave

- ERP – implantação; CRM; *go live*; operação – início; liderança.

LIÇÃO **19**

Autoridade ou carisma?

Os *benchmarkings* em Gerenciamento de Projetos são realizados anualmente pelos *chapters* (capítulos) do PMI® com apoio de seus voluntários. Desde 2003 até 2010, eram organizados e conduzidos exclusivamente no Brasil e a partir de 2011, organizações de outros países passaram a participar, como: Argentina, Chile, Colômbia, Estados Unidos, França, México e Uruguai; entretanto, o Brasil ainda é o participante mais representativo, pois das 676 organizações respondentes (públicas e privadas), mais de 88% são do nosso país. O envolvimento das organizações no país é crescente, em 2003 participaram 60 organizações; em 2010, 460 e em 2013 foi ultrapassada a marca de 600 participantes.

No *benchmarking* de 2013 (PMSURVEY, 2013), foram apresentados 20 possíveis problemas mais frequentes em projetos, quando a organização respondente podia escolher mais de uma alternativa. O item "Problemas de Comunicação" foi citado por 68,1% das organizações brasileiras, ficando em primeiro lugar de todas as 20 possíveis respostas. Quando se analisa a totalidade da amostra, o percentual cai para 66,3%, mas o item se mantém na primeira colocação entre os problemas mais frequentes nos projetos. Ou seja, aqui ou no exterior, o problema de comunicação permeia os projetos.

Em um projeto na área pública de uma cidade do interior do Estado de São Paulo com mais de 500.000 habitantes, que envolvia a implantação de uma nova sistemática de processos, havia um problema primário: as pessoas eram mais velhas e refratárias a mudanças e às novas tecnologias, tornando-se resistentes ao projeto proposto.

O plano completo de implantação englobava o "Projeto Piloto" (local onde seria efetuada a primeira implantação e os ajustes necessários), seguido de "Ondas". A primeira onda de implantação contemplava duas unidades; a segunda, três unidades; e as demais ondas, cinco unidades cada uma, totalizando 55 unidades.

Para o convencimento da equipe da unidade "Projeto Piloto", a estratégia de persuasão e convencimento foi ter como palestrante na reunião inicial, o secretário municipal, pois representava a autoridade máxima no projeto e, certamente, obteria apoio incondicional ao projeto.

Ledo engano! Percebeu-se que havia autoridade formal, mas o secretário municipal, embora fosse um profissional bem intencionado, não tinha liderança, não falava a linguagem da equipe da unidade, não conhecia os problemas do dia a dia com a sistemática atual e não conseguia "vender" os novos processos que seriam implantados. O resultado da apática palestra se mostrou no transcorrer do projeto.

O Projeto Piloto, que estava previsto para ser realizado em duas semanas, teve seu prazo dilatado para mais de dois meses. Embora o secretário, como patrocinador, fizesse pressão para que a conclusão da implantação fosse rápida, o gerente do projeto percebendo as dificuldades da equipe da unidade, iniciou um processo contínuo de aproximação das pessoas, de treinamento e de convencimento. Para tanto, teve a iniciativa de realizar um treinamento básico com uso de ferramentas de Tecnologia da Informação, pois grande parte da equipe não tinha familiaridade com Internet, PCs e *softwares* de apoio. Com didática e paciência, trabalhou dia após dia, respeitando as limitações das pessoas e suas particularidades. Estimulou e incentivou que todos se desenvolvessem e crescessem. Lentamente, o nível de aceitação do projeto na unidade foi aumentando, até que a implantação pudesse ser concluída com sucesso.

Para iniciar a primeira onda (duas novas unidades), o gerente do projeto optou por fazer uma mudança radical na estratégia da reunião inicial. Em vez de ter como palestrante o secretário municipal, foi preparado um vídeo com depoimento de uma profissional que havia participado do projeto. Essa profissional, que estava na Prefeitura há mais de vinte anos, era carismática, bem-humorada e muito querida no ambiente de trabalho. Seu otimismo era contagiante, seu sorriso alegrava a todos e seu sotaque pernambucano lhe deixava ainda mais simpática e a tornava jovial.

O processo de persuasão das equipes das unidades da primeira onda foi imediato. Em vez de 40 minutos de palestra de um secretário sisudo, poucos minutos de gravação da carismática profissional conseguiam convencer a todos, mostrando os benefícios da nova sistemática para o cidadão e para a cidade também. Todos se interessaram pelo projeto e queriam participar. Não havia obstáculos, ela convencia com som e imagem, mesmo a distância. Sem ter um *script* pré-elaborado, com espontaneidade e criatividade, disse algo assim:

> *No início, achei que não ia dar certo. Afinal, trabalhava há muitos anos de um jeito e agora teria que mudar [...] Nunca tinha trabalhado com computador. Para ser sincera, tinha medo dele. Achei que ia quebrar o computador, perder o que estava lá dentro. De repente, fui percebendo que o mundo está mudando e que era minha oportunidade de crescer também. Fiz as pazes com o computador, porém, às vezes desconfiava dele [...] A nova forma de trabalhar ajuda todo mundo: o público, que recebe melhor serviço; a cidade, que gasta menos, e nós, que trabalhamos com algumas facilidades, produzindo mais. [...] Ah, tem um problema sim* (enfática e gerando suspense). *Agora, quando chego em casa, meus filhos ficam bravos comigo, porque mando eles saírem do computador, pois quero entrar na Internet e fazer minhas coisas por lá também!*

O vídeo foi apresentado em todas as reuniões iniciais de implantação nas unidades, proporcionando sucesso absoluto ao projeto em mais de 50 unidades.

Para registro

O que deu certo?

- Carisma e boa comunicação valem mais que autoridade formal.
- A pessoa certa falar a linguagem certa na hora certa.

Como aplicar em outros projetos?

- Sempre que possível utilizar vídeos com depoimentos, pois trazem confiança e credibilidade.

O que deu errado?

- Ausência de análise dos *stakeholders* (interessados no projeto).
- Premissa de que o treinamento funcional da nova sistemática seria suficiente, esquecendo-se dos aspectos particulares da equipe da unidade.

Como evitar novas ocorrências?

- Mapear e qualificar os *stakeholders*, definindo ações para potencializar as contribuições de cada um e para amenizar as posturas reativas.
- Contemplar treinamento comportamental à equipe, sempre que necessário; por isso, um diagnóstico prévio se torna necessário.

Palavras-chave:

- Vídeos – depoimentos; projeto – comunicação; Projeto Piloto.

Referência

PMSURVEY. 2013 Edition. Estudo de *Benchmarking* em Gerenciamento de Projetos. Disponível em: <http://www.pmsurvey.org>. Acesso em: 30 set. 2014.

LIÇÃO **20**

Atenção, passageiros: apertem os cintos, o projeto sumiu

Para que um projeto fosse bem executado, havia sido planejado um treinamento na cidade do Rio de Janeiro, para toda a equipe do projeto, composta por 15 profissionais. O treinamento era necessário, pois visava capacitar a equipe para executar as principais atividades do projeto. Dos 15 profissionais, sete eram de São Paulo, três do Rio de Janeiro, dois de Belo Horizonte, e os demais de Salvador, Curitiba e Porto Alegre.

O gerente do projeto era de São Paulo e planejou um almoço em um restaurante no aeroporto Santos Dumont no Rio, local de chegada da equipe, pouco antes do início do treinamento, que seria realizado em Botafogo. Assim, solicitou que todos os profissionais de São Paulo viajassem juntos para facilitar o encontro no Aeroporto. Para os participantes de outras cidades, combinou como horário de chegada por volta do meio-dia.

O voo com os sete profissionais de São Paulo saiu de Congonhas no horário previsto com destino ao Santos Dumont. Alguns minutos após, o comandante informou que, aparentemente, havia um problema no trem de pouso da aeronave, por isso o voo iria para o Aeroporto Internacional do Galeão, pois lá a pista é mais ampla. Com isso, provavelmente, a equipe de São Paulo chegaria atrasada para o almoço no outro aeroporto.

Depois de vinte minutos de voo, nova mensagem. Dessa vez, havia mudança de rota. O destino era Viracopos, na cidade de Campinas. O clima ficou um pouco mais tenso na aeronave, e se agravou quando o serviço de bordo foi suspenso, embora as condições climáticas fossem perfeitas.

As informações não eram animadoras: tão logo sobrevoasse Campinas, a aeronave se aproximaria da pista de pouso e arremeteria, pois assim a Torre de Controle poderia observar (visualmente) as condições do trem de pouso do avião, uma vez que pelos painéis não se podia identificar o estado. E assim foi feito: ameaça de pouso e, em seguida, o avião arremeteu.

Pouco depois, uma nova mensagem deixa todos os passageiros inquietos, o comandante informa que não fora possível observar a condição do trem de pouso e que, mesmo assim, seria feita a aterrisagem em Viracopos. Muito nervosismo: a equipe de projeto acusava o gerente de tê-los colocado naquela situação de perigo. O clima era quase de pânico quando veio o veredito final de que todos se colocassem na posição de emergência para aterrissar, seguindo as orientações dos comissários de bordo.

A aeronave pousou e, felizmente, nada de pior ocorreu. A chegada ao Rio de Janeiro foi por volta das 16 horas, pois houve necessidade de aguardar a chegada de outra aeronave em Campinas para a realização do voo para o Rio de Janeiro.

O início do treinamento aconteceu na manhã do dia seguinte, quando o ocorrido foi discutido com todos os integrantes do projeto. Após alguns depoimentos e brincadeiras, o grupo concluiu que por questões de segurança em um projeto, recomenda-se que os integrantes façam viagens isoladas ou em duplas, pois em caso de imprevistos ou acidentes, o impacto em comprometer a continuidade do projeto fica reduzida.

Nota dos autores
> Naquela semana, ocorreu um jantar de confraternização da equipe do projeto. Ou seria de jantar de comemoração?

Para registro

O que deu certo?

- A discussão promovida pela equipe para descobrir as Lições Aprendidas com o episódio.

Como aplicar em outros projetos?

- Procurar descobrir algo que foi positivo, mesmo diante de insucessos e fracassos em um projeto.

O que deu errado?

- Concentração de mais de 50% da equipe do projeto em um mesmo voo.

Como evitar novas ocorrências?

- Procurar distribuir a equipe em voos distintos, a fim de não comprometer a continuidade por eventuais imprevistos.

Palavras-chave:

- Viagem – políticas; políticas de viagem.

LIÇÃO **21**

Mobilizar a instituição por meio de benefícios aos alunos

Uma instituição da área da educação, com quase meio século de história, localizada na Região Sul do país, apresentou o seguinte desafio: agilizar os seus processos de negócio, reduzir o quadro de colaboradores nas áreas de apoio e aumentar a percepção de qualidade dos alunos sobre os serviços prestados.

A empresa possui três negócios principais: faculdade, colégios e uma editora. Considerando as operações de Educação a Distância (EAD), são cerca de 8.000 alunos em cursos de pós-graduação, graduação, colégio e escola técnica.

O projeto foi estruturado em três fases, utilizando-se um planejamento em ondas: Diagnóstico Inicial, Análise e Recomendações e Transformação dos Processos.

Fase 1: Diagnóstico Inicial

Nesta primeira etapa foi realizado um diagnóstico para o levantamento dos principais pontos de atenção nos processos, de forma a selecionar e priorizar o que deveria ser analisado e tratado nas fases seguintes. Foram também realizadas as atividades iniciais de planejamento do projeto, definição e mobilização da equipe, além do *kick off* (pontapé inicial) e da definição da notação, do padrão e da ferramenta de modelagem dos processos. Nesse momento inicial, a orientação do patrocinador do projeto foi de que a editora não deveria fazer parte do escopo do trabalho.

Para o diagnóstico, foram realizadas entrevistas e levantamentos de documentações para entendimento dos principais processos e dos pontos de atenção. Nessa etapa, apenas os gestores foram envolvidos.

Como um primeiro produto, um Mapa de Contexto foi criado, oferecendo uma visão geral dos principais processos, partes interessadas e relacionamentos, como recomenda o *Business Process Management – Common Body of Knowledge* (BPM CBOK®), definindo o Diagrama de Contexto como sendo a representação da instituição e de suas relações com o ambiente externo. Estas relações podem ser: clientes, influenciadores, fornecedores, entre outros.[10]

Muitas das boas práticas de gestão já eram utilizadas na instituição, como, por exemplo, o *Balanced ScoreCard* (BSC). Assim, para focar o trabalho nos processos que mais contribuíam com os objetivos estratégicos da empresa, foi elaborada uma matriz relacionando os principais processos da organização, evidenciados no Mapa de Contexto, aos objetivos estratégicos definidos no BSC.[11]

Ao final dessa primeira fase, surgiram, naturalmente, muitos pontos de atenção e oportunidades de melhoria, que foram devidamente catalogados. Ao todo, foram identificados 114 pontos de atenção, sendo 42% deles concentrados em duas áreas: Gestão de Atendimento ao Aluno (25%) e Gestão Administrativa/Financeira (17%). Essas áreas foram definidas como foco das fases 2 e 3.

Fase 2: Análise e Recomendações

Nesta fase, foi realizada uma análise detalhada dos pontos de atenção. As recomendações foram revisadas junto às equipes operacionais. Foram definidas também a viabilidade, os custos e o ROI (*Return On Investment*, em português Retorno sobre Investimento), de todas as recomendações.

Contudo, ao iniciar a fase, surgiu um desafio diretamente ligado a um dos objetivos do projeto: "reduzir o quadro da área de apoio".

---

[10] O BPM CBOK® é o Guia para o Gerenciamento de Processos de Negócio – Corpo Comum de Conhecimento, em sua versão 3.0 – primeira edição, em português, contendo dez capítulos: 1 – Introdução; 2 – Gerenciamento de Processos de Negócio; 3 – Modelagem de Processos; 4 – Análise de Processos; 5 – Desenho de Processos; 6 – Gerenciamento de Desempenho de Processos; 7 – Transformação de Processos; 8 – Organização do Gerenciamento de Processos; 9 – Gerenciamento Corporativo de Processos; e 10 – Tecnologias de BPM (*Business Process Management*).

[11] BSC – metodologia de medição de desempenho em quatro dimensões: financeira, clientes, processos internos e aprendizado/crescimento, desenvolvida em 1992 por Robert Kaplan e David Norton, professores da Harvard Business School.

Foi avaliado que poderia haver um desconforto das equipes operacionais quando as mesmas fossem abordadas pois, havia a necessidade de se realizar um levantamento dos tempos e movimentos, da observação "em campo", da coleta de evidências e de uma interação mais forte com os atores dos proccssos.

Com o apoio do patrocinador, que era o diretor de recursos humanos, foi criada uma abordagem diferente da simples "redução de quadro", ou seja, "reduzir o tempo gasto em tarefas desnecessárias e manuais, a fim de agilizar os processos e aumentar a qualidade e o valor agregado das atividades dos profissionais". Com essa abordagem, um *workshop* de sensibilização foi realizado para promover o engajamento dos profissionais que atuavam diretamente nos processos, sub-processos, atividades e tarefas de Gestão de Atendimento ao Aluno e de Gestão Administrativa e Financeira.

O trabalho, então, seguiu com a análise detalhada das recomendações por meio de uma série de ações: entrevistas com os atores dos processos, questionários, análise de documentos, *benchmarking* competitivo (realizado em outras duas empresas do mesmo segmento), modelagem do processo (AS IS), redesenho do processo (TO BE), Grupos de Foco, entre outras.[12]

Como resultado, foram definidas 41 ações de melhoria nos processos na Gestão de Atendimento ao Aluno. Na Gestão Administrativa e Financeira, foram 45 ações consensuadas. Essas 86 ações foram priorizadas por meio da análise de uma matriz de esforço x benefícios.

Fase 3: Transformação de Processos

Nesta fase final, as ações foram organizadas e distribuídas em grupos de ação. Cronogramas foram estabelecidos e uma cadência de pontos de controles semanais foi definida. A melhor visibilidade do andamento dos pontos de atenção criou ampla sensibilização da janela de oportunidade de mudança.

---

[12] "AS IS" e "TO BE" são siglas usuais na área de processos de negócios. "AS IS" representa "como é", ou seja, a situação atual identificada pelo mapeamento; enquanto "TO BE" representa "como será", a visão futura do processo, após a implementação das mudanças.

Como resultado do projeto, 19% do quadro de pessoal foi reduzido. O SLA (*Service Level Agreement*, em português Acordo de Nível de Serviço) foi implantado para um objetivo de extrema sensibilidade: para todas as atividades que "tocam o aluno" (afetam o aluno de modo direto, em questões pedagógicas ou administrativas). Sob esse lema, todos na empresa sentiram-se realizados em implantar o SLA, que, num primeiro momento, gerou a visibilidade dos prazos e, num segundo momento, gerou um ciclo virtuoso de oportunidades de melhorias nos processos.[13]

Para registro

O que deu certo?

- O lema "tocar o aluno" engajou toda a instituição e desmistificou o tema "SLA", que não era muito amigável nas áreas operacionais.
- Conter as expectativas da alta direção que solicitava urgência na redução dos quadros de pessoal.

Como aplicar em outros projetos?

- Deixar claro os produtos de cada fase e a justificativa técnica para o projeto planejado para ser realizado em ondas ou fases.
- Reservar no cronograma espaços de tempo (pulmões) entre uma fase e outra, pois isso possibilita reavaliar a abordagem para a fase seguinte.

O que deu errado?

- A abordagem em si, que foi definida para a fase 2. Retirou do foco a "redução de quadro", contudo, esse era, de fato, um objetivo. Nesses casos, é importante deixar claro o objetivo e as justificativas (por exemplo, uma crise e resultados ruins). Em outras palavras, o sucesso do projeto não está acima da credibilidade dos líderes da instituição após a realização do mesmo.

---

[13] SLA representa o nível de serviço acordado para um determinado serviço ou processo; por exemplo, atendimento de 90% das ligações telefônicas em até 40 segundos. É importante que o SLA seja quantificável e verificável.

Como evitar novas ocorrências?

- Levantar, no período de planejamento de um projeto, todos os possíveis impactos organizacionais durante e após a execução do projeto.

Palavras-chave

- AS IS; TO BE; BPM CBOK®; SLA; BSC; Mapa de Contexto; Diagrama de Contexto.

Referência

ABPMP® – Association of Business Process Management Professionals. Guia para o Gerenciamento de Processos de Negócio – Corpo Comum de Conhecimento. Versão 3.0, Brasil: ABPMP®, 2013.

LIÇÃO **22**

Template, porém pense!

Esta lição trata do líder de uma organização em Brasília (DF) que, durante a reunião com um consultor externo, apresentou inúmeras situações e problemas, visando à definição do escopo de um projeto.

Ao consultor lhe foi dada a tarefa de elaborar uma Estrutura Analítica de Projeto (EAP), também conhecida por *Work Breakdown Structure* (WBS). Ao iniciar a reunião, o líder da empresa já começa relacionando um grande número de dificuldades nas várias áreas da empresa, falando de pessoas e de acontecimentos recentes. Assuntos variados, colocados aleatoriamente, como uma avalanche de interpretações, julgamentos e considerações, algumas vezes coerentes; outras, nem tanto. Quando o consultor tentava contrapor, o líder justificava afirmando: "todo líder tem seus desejos e suas contradições...".

Havia um tom de desabafo, mas, ao mesmo tempo, uma esperança de ser compreendido e a expectativa de que o projeto fosse uma "pílula mágica" que resolvesse, de uma só vez, todo aquele estado de coisas. Eram tantas as perspectivas, comentários e problemas apresentados, que a busca pela definição do escopo, de fato, havia se tornado irrelevante àquela altura.

O consultor, de posse de seu *notebook*, até iniciou a geração de uma estrutura analítica, utilizando-se de um padrão previamente definido para aquele tipo de projeto. Em regra, o uso de uma EAP é a ferramenta indicada para se definir o escopo de um projeto. Entretanto, pelas circunstâncias, logo abandonou o *template*. Percebeu que seria necessário algo mais flexível. Lembrou, então, de utilizar um *software* para criar um "mapa mental" (um tipo de diagrama, criado pelo inglês Tony

Buzan). Com esse recurso, de fácil uso, intuitivo, visual e flexível, pôde coletar com destreza as inúmeras informações que lhe eram subitamente apresentadas.

Ao final da reunião, o líder da empresa pergunta ao consultor o que ele havia entendido. O consultor pede então a permissão para projetar a imagem do seu *notebook* no *datashow* da sala em que estavam. Ao projetar, assume a condução da reunião e começa a confirmar a compreensão: "Vejamos se entendi... na área de suprimentos temos o problema da falta da ordem de compra..." O líder ficou positivamente surpreso com a imediata compreensão das informações, com o formato visual e a forma inteligente de captar o escopo. O consultor seguiu revisando suas anotações, refinando-as.

Ao final, o consultor colocou "a cereja no bolo": o *software* tinha ainda uma opção para exportar o mapa mental para uma ferramenta de elaboração de cronograma. Ao exportar, em segundos, toda aquela tempestade de ideias já estava em uma estrutura preliminar de um cronograma.

O líder da empresa gostou tanto da experiência que a adotou em outras situações. Em uma delas, pediu a uma pessoa da sua equipe que elaborasse um mapa mental. O profissional, com cara de espanto, olhou fixamente para ele e incrédulo disse: "Pronto, agora este projeto ficou esotérico!".

Para registro

O que deu certo?

- Utilizar uma alternativa a um *template* ou um padrão de trabalho predefinido.
- Pensar "fora da caixa", mesmo assumindo riscos.

Como aplicar em outros projetos?

- Utilizar mapas mentais com campos predefinidos em substituição a termos de abertura, encerramento ou mesmo atas de reunião.

O que deu errado?

- A tentativa de replicar a experiência sem um treinamento básico ou uma orientação. Deve-se lembrar que muitas técnicas são relativamente recentes para grande parte das pessoas.

Como evitar novas ocorrências?

- Elaborar guias rápidos.

Palavras-chave

- EAP; Estrutura Analítica de Projeto; WBS; *Work Breakdown Structure*; mapa mental.

LIÇÃO **23**

Tudo ao mesmo tempo? Agora?

Um conjunto de projetos foi realizado em uma grande rede mineira de varejo. O objetivo principal era a implantação de um sistema de gestão integrada de grande porte em mais de 120 lojas do grupo, distribuídas nos Estados de Minas Gerais e Espírito Santo. Considerando essa abrangência, o segmento do negócio e a maturidade da solução técnica, pode-se afirmar que se tratava de um projeto pioneiro no Brasil e de significativa complexidade, por impactar toda a empresa.

Para enfrentar essa mudança, foi contratada uma empresa de consultoria de renome e um profissional experiente nesse tipo de projeto foi alocado. Seu papel era organizar e controlar todas as iniciativas, projetos paralelos e frentes de trabalho necessárias. Logo percebeu que sozinho essa tarefa lhe seria muito difícil pois, eram, ao todo, 14 frentes de trabalho, além dos trabalhos específicos da implementadora do novo sistema de gestão. Todos os esforços deveriam estar englobados em um cronograma integrado (o qual posteriormente chegou a 15 mil linhas para um horizonte de apenas 6 meses de projeto – primeira fase).

Surgiu, então, a ideia de negociar com o gestor da empresa, responsável pelo projeto, que líderes internos fossem alocados em cada uma das 14 frentes. Contudo, o profissional havia percebido que o conhecimento da equipe interna da empresa em gestão de projetos era incipiente. Então, em troca da indicação e alocação dos líderes, propôs conduzir uma agenda de capacitação para eles. O gestor concordou e apoiou incondicionalmente a proposta.

Assim que os líderes foram indicados e empossados, surge um obstáculo: a falta de tempo desses profissionais, pois além da intensidade do projeto, a maioria deles, ainda tinha a árdua tarefa de manter a operação da empresa. O sistema legado, por sinal, era bastante limitado e "indomável". Para superar essas restrições, foi criada uma dinâmica de capacitação chamada de "grupo de estudo". Essa dinâmica era uma espécie de "autoestudo dirigido", com encontros semanais de apenas uma hora e meia para esclarecimento de dúvidas da "lição da semana", as quais deveriam ser previamente estudadas em mais 2 a 3 horas semanais de dedicação individual. Foi acordado com os profissionais que isso seria feito em horário alternativo, como a parcela de contribuição deles para o seu desenvolvimento.

A responsabilidade mais importante e imediata de cada líder era gerar e controlar o cronograma detalhado de sua frente de trabalho. Assim, a nova dinâmica foi iniciada pelo tema "Gestão do Tempo". Já nas primeiras tratativas identificou-se um aprendizado que, em que pese tratar-se de um fundamento básico para um bom cronograma, na prática, foi de difícil trato considerando-se o aculturamento de mais de uma dezena de líderes.

Em geral, os líderes eram iniciantes em projetos dessa envergadura. Foram indicados para liderar, basicamente, pelo conhecimento técnico e por serem exímios especialistas (fato que ocorre com frequência no início da carreira em projetos). A boa *performance* técnica os habilitou para coordenar o assunto do qual tinham experiência. Entretanto, passaram a exercer esse novo papel sem perceber que não estavam deixando de lado as antigas funções e perspectivas. Muitas vezes, traziam exclusivamente para si a tarefa de construir um cronograma, mesmo nos casos em que as atividades seriam executadas por outras pessoas, afinal tinham o conhecimento do tema. Por vezes, influenciavam em muito as estimativas oferecidas pelas equipes.

No contexto de necessitar e ter de solicitar colaboração, Greene e Elffers (2000) recomendam que, ao pedir ajuda, você deve apelar para o egoísmo das pessoas, jamais para a sua misericórdia ou gratidão. Ainda segundo os autores, se você precisar pedir ajuda a um aliado, não se preocupe em lembrar a ele a sua assistência e boas ações no passado, pois ele encontrará um meio de o ignorar. Os autores concluem afirmando que você deve revelar algo na sua solicitação, ou na sua aliança com ele, que o vá beneficiar, e exagere na ênfase, pois, assim, ele reagirá entusiasmado se vir que pode lucrar alguma coisa com isso.

Foi preciso insistir com os líderes que a elaboração de um cronograma não era apenas uma questão de estimar prazos corretamente. Era também, e talvez mais importante, um momento de socializar os desafios com aqueles que, de fato, iriam executar as tarefas. Era o momento de garantir que as equipes estivessem absolutamente engajadas e compromissadas com os prazos. Ademais, tratava-se do desenvolvimento e crescimento profissional de cada um, pois aprenderiam novas técnicas e utilizariam ferramentas de mercado.

O aprendizado foi de que os líderes de projetos deveriam fazer da construção do cronograma uma oportunidade coletiva de garantir que o mesmo fosse, de fato, cumprido. Esse foi um dos pilares que logrou ao projeto um breve sucesso inicial, em sua primeira fase, que foi implantada em pouco mais de seis meses.

Para registro

O que deu certo?

- Reconhecer de imediato o porte do projeto e as limitações para organizá-lo adequadamente.

Como aplicar em outros projetos?

- Líderes de projeto devem compatibilizar seus esforços de gestão com o porte do projeto.

Palavras-chave

- Grupo de estudo; desenvolvimento de pessoal; carreira – gerenciamento de projetos.

Referência

GREENE, Robert; ELFFERS, Joost. *As 48 leis do poder*. Rio de Janeiro: Rocco, 2000.

LIÇÃO **24**

Onde está o risco?

Uma empresa paranaense, fabricante de implementos agrícolas, apresentava um desafio em seu negócio: o seu principal produto estava com *lead time* muito elevado. O termo em inglês pode ser entendido como o intervalo de tempo desde a entrada da matéria-prima para produção até a sua saída como produto final (LAMBERT; STOCK; ELLRAM, 1998).

Uma adequada gestão do *lead time* é decisiva para o resultado de uma indústria. Essa gestão, normalmente realizada pela área de Planejamento e Controle de Produção (PCP), deve ter como objetivo a máxima redução do tempo de produção, pois, assim, menos capital de giro será exigido para os negócios e menor a necessidade de ir ao mercado financeiro buscar empréstimo para esse capital.

Entre os equipamentos agrícolas produzidos pela empresa, havia um especial, de grande porte e que, por tanto, necessitava de 35 dias para ser produzido. Com um preço final em torno de 250 mil dólares, a produção era realizada sob demanda, ou seja, primeiro vendia-se o produto para depois produzi-lo, utilizando o sistema *Just in Time*, que representa "nada deve ser produzido, transportado ou comprado antes da hora exata".

Nesta empresa, 80% das vendas eram realizadas por meio de uma linha de crédito específica do governo federal. Os produtores aproveitavam essa linha pelo alto custo da máquina e pelos baixos juros aplicados. Entretanto, o processo para realizar o financiamento era extremamente lento, burocrático e dependente de bancos de fomento, o que significava, em média, mais de 110 dias para o dinheiro entrar no caixa da empresa a partir da máquina pronta. Ou seja, o *lead time* total, desde a venda até a efetiva entrada de receita, era de longos 145 dias.

Surgiu então um projeto para a criação de um banco próprio, conhecido no mercado como "Banco de Montadora". O projeto nasceu com o objetivo claro e mensurável: reduzir o tempo de financiamento para, no máximo, 40 dias. Isso encurtaria o *lead time* total para "apenas" 75 dias. Foi contratado um consultor especializado, que havia criado um banco para uma grande empresa multinacional de tratores.

Para a empresa, o projeto representava um grande desafio, pois uma operação bancária com pessoas, processos e tecnologia teria de ser criada "do zero". Comparativamente ao seu porte médio, à sua estrutura enxuta e aos sonhos do acionista majoritário, que era de transformar a empresa na maior indústria nacional de equipamentos agrícolas, isto se tornava ainda mais desafiador.

Nesse cenário, o diretor financeiro, acertadamente, buscou o apoio de uma consultoria em gestão de projetos. Uma parte significativa do valor de remuneração das duas consultorias envolvidas foi, por ele, condicionada à efetiva obtenção dos recursos, ou seja, reforços extras contratados com um percentual atrelado ao objetivo do projeto.

Todavia, era imprescindível ao projeto a disponibilidade da linha de crédito do governo federal. E havia rumores no mercado de que essa linha poderia ser descontinuada. Como qualquer risco, não havia como prever se isso iria ou não acontecer, porém, caso ocorresse, aparentemente, inviabilizaria a continuidade do projeto. Risco identificado e registrado junto a outros, em uma Matriz de Riscos com tabela de severidade bem elaborada. Nela, as dimensões Financeira, Atendimento ao Cliente, Conformidade com Regulamentos/Leis, Reputação, Equipe e Cultura eram detalhadas em critérios, e a cada uma era atribuído um dos níveis: "crítico", "grande", "moderado" e "baixo". Algo similar ao Método de Mosler para qualificação dos riscos, que se utiliza de seis critérios: função (nível de gravidade das consequências ou danos), substituição (grau de dificuldade para substituição), profundidade (grau de perturbação à imagem da empresa), extensão (alcance e extensão dos danos), agressão (probabilidade do evento acontecer) e vulnerabilidade, ou seja, o impacto que pode ser causado. (MANDARINI, 2005).

Além das tratativas de riscos, foi estabelecido todo um plano de projeto para cinco anos, com cronograma faseado, pontos de decisão claros para novas fases e todas as boas práticas recomendadas. Uma reunião de *kick off* (pontapé inicial) foi realizada com a diretoria e sócios. Ao final da reunião, as palavras do acionista majoritário coroavam um belo início: "Parabéns! Entendo que todos os nossos projetos devam ser organizados desta forma".

Seis meses de trabalho transcorreram. Nesse interim, houve suspensões e reativações da linha de crédito pelo governo que abalaram, mas não derrubaram o projeto. Novos rumores de mercado apontavam para o reestabelecimento do crédito, assim, os objetivos e os cronogramas eram realinhados. Uma incubadora foi criada e, com ela, outros benefícios positivos foram obtidos, como a melhoria da produtividade e a eficácia nos processos de análise de crédito.

Entretanto, após oito meses de projeto, um fato novo para o acionista majoritário foi definitivo. O seu patrimônio pessoal teria de ser envolvido como garantia nas operações de crédito. Resultado: o projeto foi imediatamente suspenso e desmobilizado.

Para registro

O que deu certo?

- A contratação das consultorias com parte de sua remuneração condicionada ao sucesso do projeto, o qual tinha objetivos claros e mensuráveis.
- O trato com o risco da linha de crédito, por estar em evidência durante a execução do projeto, propiciou um pensamento coletivo de alternativas ao risco e de variações ao objetivo do projeto, como, por exemplo, a incubadora de análise de crédito.

Como aplicar em outros projetos?

- Avaliar em quais tipos de projeto é possível uma contratação condicionada ao sucesso do projeto. Desde que se tenha objetivos claros, mensuráveis e capacidade financeira do parceiro, esse tipo de contratação pode ser benéfico ao projeto pois agrega reforços altamente motivados.

O que deu errado?

- Os riscos não foram suficientemente explorados no início do projeto e somente após oito meses foi verificada a questão das garantias.

Como evitar novas ocorrências?

- Fazer o maior número possível de *benchmarkings*.
- Elaborar uma estrutura analítica de riscos para deixar o mais evidente possível os riscos do projeto associados a cada fase ou etapa. Explorar ao máximo os detalhes de riscos e buscar ser enfático.
- Incluir no cronograma do projeto as ações mitigadoras.

Palavras-chave

- *Lead time*; PCP; *Just in Time*.

Referências

LAMBERT, Douglas M.; STOCK, James R.; ELLRAM, Lisa M. *Fundamentals of logistics management*. New York: McGraw-Hill, 1998.

MANDARINI, Marcos. *Segurança Corporativa Estratégica*: fundamentos. Barueri: Manole, 2005.

LIÇÃO 25

O agradecimento que ultrapassou os limites do projeto

Projeto subestimado em termos de complexidade, consequentemente, mal dimensionado em termos de recursos, custos e prazos. Conclusão: a equipe estava sobrecarregada, trabalhando de 12 a 15 horas por dia, incluindo sábados, domingos e feriados. Mesmo assim, a equipe estava totalmente comprometida com o projeto e se mostrava unida, com evidências de um ambiente de forte colaboração entre todos. Não havia espaço (ou tempo) para conflitos, críticas ou fofocas, pois estavam todos concentrados no desenvolvimento de suas atividades.

Depois de dois meses nesse anormal e desumano ritmo de trabalho, a equipe conseguiu efetuar uma das entregas do projeto no prazo contratado pelo cliente, com a qualidade esperada. O esforço para o atingimento dessa meta havia sido imenso, tendo significado sacrifício pessoal dos integrantes da equipe que "abriram mão" de lazer, do convívio familiar, de estudos, de atividades físicas e de descanso. Mesmo diante da boa notícia de uma entrega efetuada, não havia tempo para comemorações ou qualquer atividade de integração que não fosse "trabalhar mais".

A esposa de um profissional da equipe, que tinha alguma desconfiança do marido, telefonava quase diariamente (no período noturno) ao gerente de projetos para confirmar se seu esposo estava realmente trabalhando no projeto. Ela solicitava sempre que o gerente não comentasse o fato (ligação telefônica) com seu cônjuge, pois seria motivo de brigas e discussões, todavia, alegava que só se sentia confortável após receber a resposta afirmativa do gerente.

Ao final do projeto, quando as entregas foram concluídas e aceitas pelo cliente, todos estavam muito cansados, porém, satisfeitos e realizados. O gerente do projeto, visando premiar e/ou recompensar os profissionais, decidiu em conjunto com o patrocinador do projeto, que era um diretor da organização, por duas iniciativas de reconhecimento: a primeira, conceder cinco dias de descanso para todos os profissionais, por liberalidade da empresa, visando ao restabelecimento físico de todos. A segunda, encaminhar uma carta de agradecimento ao cônjuge (se o profissional fosse casado) ou aos pais do profissional (aos solteiros), enviando também um presente, uma pequena lembrança. Na carta mencionava-se o esforço despendido pela pessoa em função de suas responsabilidades profissionais, e havia um sutil pedido de desculpas por tê-la tirado do convívio familiar nos últimos meses. Na carta, ficava explícito que se não tivesse havido a colaboração e o compromisso do profissional, o projeto não teria sido concluído no prazo pactuado.

As reações das famílias envolvidas (*feedbacks*) foram excelentes, pois a carta valorizava o profissional, seu esforço e mostrava que a empresa "enxergava" a família e a considerava importante. A esposa do funcionário que ligava diariamente ao gerente do projeto, telefonou-lhe mais uma vez, porém, pedindo desculpas e agradecendo pois sentia que ela tinha amadurecido e crescido com a situação. Em contrapartida, a concessão de cinco dias de descanso trouxe problemas operacionais, pois alguns quiseram planejar esse gozo de acordo com sua conveniência de agenda, e não de forma imediata, que era a proposta original, vinculada ao projeto. Outros quiseram gozar estes dias de forma contínua às férias planejadas; outros de forma pontual e aleatória, de acordo com suas conveniências pessoais.

Para registro

O que deu certo?

- Valorizar o profissional perante sua família e reconhecer que ele tem vida pessoal, além do trabalho.

Como aplicar em outros projetos?

- Reconhecer o esforço dos profissionais por meio de cartas de agradecimento aos familiares pode surtir um efeito positivo nas pessoas envolvidas direta ou indiretamente com o projeto; além de trazer motivação ao profissional.

O que deu errado?

- Conceder cinco dias de gozo pelo esforço adicional, sem uma definição clara do período em que isso se daria.
- Algumas pessoas se sentiram injustiçadas, pois acharam que se dedicaram mais que outras, por isso, julgavam ser merecedoras de um período maior.

Como evitar novas ocorrências?

- Definir claramente a concessão, apresentando-a como opcional e não obrigatória, todavia destacando os critérios adotados e o período de gozo, por se tratar de liberalidade da empresa.

Palavras-chave

- Reconhecimento; agradecimento – cartas; projeto – reconhecimento; motivação.

LIÇÃO **26**

Quality Assurance: a qualidade ampliada

Uma prática que tem ganhado relevância em projetos brasileiros bem-sucedidos é o papel de *Quality Assurance* (em português, Garantia da Qualidade). Esse papel visa, por meio da realização de revisões periódicas, antecipar-se a riscos e correção de rotas, ampliando a visão de qualidade para um foco empresarial e para garantir os benefícios de negócio que justificaram o investimento no projeto.

Em geral, a função de *Quality Assurance* pode ser orientada para as áreas ou investimentos de maior risco da empresa, ou para os projetos mais importantes de um portfólio, em que os *sponsors* (patrocinadores) necessitam de um aumento dos níveis de garantia exigidos. É recomendável quando a mudança proposta pelo projeto requer uma transformação empresarial significativa e/ou possui um componente de inovação importante. Como exemplos, temos a transformação de um processo ponta a ponta; a criação de uma empresa; a construção de uma fábrica; a implantação de um sistema de gestão empresarial ou de *softwares* de mercado; a fusão, incorporação ou cisão de empresas; a implantação de um centro de serviços compartilhados; a criação de um Escritório Corporativo de Processos; a implantação de uma cultura de Gerenciamento de Projetos; entre outros.

Todas essas iniciativas têm em comum importantes mudanças para as organizações. Nesses casos, em geral, o controle e a auditoria da qualidade são, na maioria das vezes, funções internas de uma equipe de projeto e têm seu foco na revisão de entregáveis. Um papel de *Quality Assurance*, por sua vez, atua como camada externa de avaliação durante o projeto e estende o foco para a perenidade dos negócios. Além disso, fornece um nível de independência e interação com todos os diferentes *stakeholders* (da equipe técnica a um conselho de administração, por exemplo), para alavancar as habilidades internas e aportar as experiências de outras empresas em projetos similares no mercado. Contribui com a percepção de influências externas, acelerando a curva de aprendizagem e, assim, aumentando as possibilidades de sucesso do projeto.

Em dois projetos, por razões diferentes, ocorreram experiências de sucesso da função de *Quality Assurance*. Em ambos, as empresas adquiriam serviços técnicos especializados no mercado junto a fornecedores com reconhecido *know how* e contrataram também os serviços de *Quality Assurance*.

A primeira organização, uma das maiores empresas do seu setor no país, definiu a construção de uma nova fábrica e contratou um empreiteiro de renome. Contudo, era o primeiro projeto desse porte para a empresa e todo o *know how* de construção de fábricas estava unicamente com o fornecedor. Não havia experiência interna com esse tipo de projeto, e os sócios da empresa não reconheciam isso e entendiam que teriam nesse projeto o mesmo sucesso que sempre tiverem em outros. Uma boa relação com o empreiteiro foi habilmente negociada por um diretor da empresa, que era um profissional de mercado. Foi ele, também, quem insistiu na contratação de um serviço de *Quality Assurance*, a despeito da incredulidade e desconhecimento dos sócios, que acabaram concordando, mas com muita resistência e um velado "prazo de validade".

O projeto se inicia e um bom planejamento detalhado é gerado. Inclui, por recomendação do *Quality Assurance*, uma estratégia de construção por etapas. Paradoxalmente, essa estratégia por etapas, correta para este projeto, gerou como efeito colateral uma falsa sensação de que os esforços de gestão não precisavam ser cuidados e aprimorados. Isso gerou questionamentos dos sócios e dificuldades para a equipe de *Quality Assurance* se estabelecer.

Esse primeiro obstáculo foi superado. A partir daí, os esforços da equipe de *Quality Assurance* se concentraram em criar na empresa uma visão ampliada da mudança, de que não era apenas um projeto, mas sim um programa de dois anos com vários projetos e frentes de trabalho, e que havia a necessidade de um plano integrado, com visibilidade de todos os esforços internos, de possíveis conflitos com outros projetos e iniciativas em curso.

Em seguida foram estabelecidas revisões em pontos-chave do cronograma para assegurar que as atividades fossem realmente concluídas e, que as pessoas certas estivessem envolvidas (por exemplo, nos testes da nova fábrica).

Na medida em que o papel de *Quality Assurance* se fortalecia, aumentavam os níveis de confiança das equipes e do empreiteiro com o projeto. Este, por sinal, percebeu o valor desse papel, a tal ponto que passou a recomendar o serviço para outros clientes. Entendeu que, por mais conhecimento que tivesse em projetos desse tipo, a função de *Quality Assurance* irradiava um compromisso da empresa contratante para que a qualidade e a eficiência da construção fossem maximizadas. Incrivelmente, os sócios da empresa não reconheceram esse valor e eliminaram tal função tão logo puderam.

Enquanto nessa empresa o papel de *Quality Assurance* amadureceu as práticas internas, em um segundo caso o trabalho teve um efeito inverso, com foco no fornecedor, mas não menos importante.

A segunda empresa, com mais de 100 unidades no Estado do Paraná, implantou com sucesso, em apenas 11 meses, dois projetos simultâneos: uma solução de Gerenciamento de Relacionamento com Clientes (CRM – *Customer Relationship Management*) e um Sistema de Gestão Empresarial (ERP – *Enterprise Resources Planning*). Os dois projetos, juntos, representaram alguns desafios, tais como, o treinamento de mais de 1.300 pessoas, a mobilização de mais 600 usuários finais em todas as unidades, uma nova infraestrutura de servidores e de dispositivos móveis, entre outros. No entanto, o maior desafio foi o fato de que a consultoria implementadora não tinha uma boa maturidade em suas práticas de Gerenciamento de Projetos, embora tivesse um bom conhecimento técnico do produto.

A função de *Quality Assurance* foi, neste caso, decisiva para completar essa lacuna e amadurecer as práticas de gestão do fornecedor. Isso foi realizado por meio de revisões mensais periódicas em que, com transparência e independência, antecipou-se a riscos que poderiam comprometer o progresso e/ou a qualidade do projeto. Mensalmente, foi gerado um conjunto orientado de recomendações proativas em todos os aspectos do projeto, com base nas melhores práticas de mercado para essas iniciativas.

Além disso, essa função ofereceu uma melhor compreensão sobre o que os principais executivos e *sponsors* (patrocinadores) esperavam e sabiam do projeto, e também o contrário, sobre como o projeto necessitava desses executivos e patrocinadores. Nesse sentido, por sua independência, a função de *Quality Assurance* polarizou as discussões e, por vezes, encarregou-se de apontar as necessidades mais delicadas, que poderiam ferir suscetibilidades. Além disso, atuou como um instrumento de "poder referencial" e, assim, aliviou a relação entre todas as partes interessadas do projeto, relações estas que, muitas vezes, são tensas em mudanças e transformações mais agudas. Para a gestão interna da empresa, isso garantiu que as necessidades e as expectativas recíprocas entre a alta direção, o projeto e a consultoria implementadora fossem entendidas e atendidas, tempestivamente.

Para registro

O que deu certo?

- Em ambos os casos a função de *Quality Assurance*, por razões diferentes, aportou benefícios. Sem esse papel, os dois projetos não teriam tido o mesmo sucesso.
- As revisões de qualidade não eram burocráticas, pois funcionavam como um misto de revisão dos processos de gerenciamento de projetos e *coaching* do gerente do projeto, impulsionando-os a alcançar os objetivos e obter sucesso do projeto que gerenciavam.

Como aplicar em outros projetos?

- Esta função deve ter como alvo a contribuição direta aos resultados e benefícios planejados para o projeto e, como efeito complementar, o crescimento profissional do gerente de projetos.

O que deu errado?

- A descontinuidade abrupta do serviço no primeiro caso, o que pode ocorrer em uma função aguda, que se encarrega de polarizar os embates, que são intensos em grandes projetos.

Como evitar novas ocorrências?

- Propor diminuir a frequência das revisões quando solicitada sua eliminação, procurando manter o serviço.

Palavras-chave

- *Quality Assurance*; Garantia da Qualidade; revisões de qualidade; qualidade – revisões; gerenciamento – da qualidade; *coaching*.

LIÇÃO **27**

O verdadeiro líder é menor que o seu projeto

Uma parábola corporativa circula nas redes sociais e *e-mails* contando a passagem de uma águia que, para viver 70 anos, renova-se aos 40, arrancando seus próprios bicos, unhas e penas, para que novos surjam e, assim, a ave revigorada viva por mais três décadas.

Lenda ou não, essas analogias e histórias não são apenas um privilégio das redes sociais, mas ocorrem há muitos séculos. Por exemplo, por volta do ano 700 a.C., cerca de 300 anos antes de Aristóteles sugerir que a Terra talvez fosse uma esfera, já havia o registro de uma analogia com a águia no livro bíblico de Isaias, que menciona "[...] renovarão as suas forças, subirão com asas como águias; correrão, e não se cansarão; caminharão, e não se fatigarão" (Isaías 40:31).

Outra parábola similar, e menos conhecida, conta que, próximo de sua morte, quando percebem que chegou a hora de "partir", essas aves "não se lamentam e nem ficam com medo". Com o sentimento de dever cumprido, localizam o pico de uma montanha, usam as últimas forças de seu corpo cansado e voam naquela direção. E lá esperam, resignadamente, o momento final.

No mundo intenso e dinâmico dos projetos, muitas vezes o momento final de um líder pode ocorrer antes do previsto. É relativamente comum no mercado ocorrerem substituições e demissões. Um líder, assim como a lenda da águia, deve saber lidar com essas situações e se renovar. Faz parte da arte de gerenciar projetos ter diálogos íntimos com o risco, com o insucesso e com a glória.[14]

---

[14] Os autores do livro *O código da liderança: cinco regras para fazer diferença*, de autoria dos especialistas em liderança Dave Ulrich, Norm Smallwood e Kate Sweetman, apresen-

Em um projeto realizado em Belo Horizonte, o momento final de um líder de projetos também ocorreu antes do previsto, mas por uma situação bem diferente.

A certa altura da execução, o projeto se encontrava em um estado bastante crítico. Inicialmente planejado para 13 meses, já havia um atraso de, no mínimo, seis meses. Como em qualquer projeto nessa situação, não é apenas um único fator a causa-raiz de todos os problemas. Normalmente, são vários. Vale ressaltar um deles, havia dois grupos de sócios na empresa que não se entendiam, e apenas um dos lados dessa sociedade patrocinava e queria o projeto. Outras questões de ordem técnica também ocorreram, entre diversos outros problemas.

O interessante é que mesmo em um cenário assim, o líder do projeto se manteve como um elemento-chave e indispensável. A equipe, os patrocinadores, os fornecedores e até mesmo a "outra ala" de sócios percebiam no líder do projeto uma postura sempre construtiva, uma habilidade de fazer perguntas do tipo "por que" e procurar respostas fundamentais, além do cuidado para não causar danos desnecessários nas relações já desgastadas, e um respeito constante a outros pontos de vista.

Mas entre todas as virtudes desse líder, talvez a maior, de um elevado grau de autopercepção, foi a capacidade altruísta de enfrentar o "sofrimento" do projeto. Com base nesse valor, tomou uma importante decisão que surpreendeu a todos: pediu o seu desligamento. Justificou ao patrocinador que, devido aos constantes replanejamentos, ele entendia que o projeto necessitava de um fato novo, impactante, que revertesse a tendência de queda de produtividade da equipe. Argumentou também que se sentia incapaz de resolver a equação do projeto perante os sócios e que sua comunicação estava se desgastando e gerando pouco impacto sobre a equipe. Seguiu a sua "renúncia" dizendo que estava vendo uma equipe "viciada/conformada" com os constantes atrasos e que seria preciso um novo perfil de líder, de cobrança mais rígida.

---

tam cinco tipos de líderes: (1) Visionário (prepara o futuro), (2) Executor (faz acontecer), (3) Gestor de talentos (engaja o profissional talentoso), (4) Fomentador de capital humano (forma a próxima geração) e (5) Investidor (investe em si mesmo: autoconhecimento, saúde, energia, etc.). Ulrich, Smallwood e Sweetman afirmam que todos os líderes têm pontos fortes e fragilidades em cada uma dessas cinco áreas, por isso ratificam que o autoconhecimento possibilita que a pessoa se desenvolva e cresça nas dimensões mais carentes.

Diante desses argumentos, o patrocinador concordou com o líder e suas emblemáticas palavras finais foram: "Você criou seu espaço com seu talento a tal ponto que só você mesmo poderia fechá-lo. Pode ir, e se algo não der certo em seus próximos passos, telefone-me".

Após esse fato, uma completa reorganização das posições na empresa, no projeto e nos fornecedores ocorreram, o que levou o projeto ao seu término, a despeito de todas as dificuldades e atrasos.

Nota dos autores
> Esse profissional alçou novos voos, ora em projetos de sucesso, ora de insucesso; porém, sempre aprendendo, ensinando e crescendo.

Para registro

O que deu certo?

- A atitude do líder de decidir pela sua própria saída da organização, em função do cumprimento dos objetivos do projeto.

Como aplicar em outros projetos?

- O líder deve reagir de modo proativo e honesto ao ambiente e à situação em que se encontra. Deve compreender seu papel e construir uma atitude sólida em relação ao que acontece à sua volta. Isso garante a credibilidade profissional que transcende um ou outro insucesso.

Palavras-chave

- Liderança; credibilidade profissional; atitude.

Referência

ULRICH, Dave; SMALLWOOD, Norm; SWEETMAN, Kate. *O código da liderança:* cinco regras para fazer diferença. Rio de Janeiro: Bestseller, 2009.

LIÇÃO **28**

Casual Day, pero no mucho

É relativamente comum no Brasil as organizações, sobretudo as empresas multinacionais, propiciarem a seus colaboradores o *Casual Day*. Nesse dia, que pode ter frequência semanal, quinzenal ou mensal, é estimulada uma maior informalidade, seja nos trajes, no horário de trabalho ou nas atividades desenvolvidas internamente à organização. Essa informalidade traz à empresa aspectos mais pessoais (valores) que profissionais do colaborador, além de propiciar um ambiente descontraído e integrado.

Algumas empresas, no *Casual Day*, liberam o uso do "terno e gravata", em geral, incômodo nos dias quentes de verão; outras estimulam o Dia do Pijama, quando profissionais se utilizam dos trajes de dormir para ir ao trabalho; outras ainda, organizam *happy hours*, festas típicas regionais, eventos comemorativos ou algumas iniciativas específicas como Dia do Almoço, em que o profissional pode levar qualquer pessoa (amigo ou familiar) para almoçar na empresa e conhecer seu ambiente de trabalho. Embora muito divulgado internamente na empresa, o fator mais positivo no *Casual Day* é que é opcional, sendo a adesão facultativa à pessoa.

Há algum tempo, um executivo de projetos de uma empresa multinacional norte-americana aderiu ao *Casual Day*, quando às sextas-feiras, o tradicional "terno e gravata" era opcional. Ele se sentia tão motivado com isso, que ia para o escritório de camiseta, tênis e calça jeans, quando não tinha compromissos com clientes nem com fornecedores.

Em uma dessas informais sextas-feiras, que, pelos seus trajes parecia estar em um clube, foi convocado (de surpresa, com antecedência de meia hora) pelo presidente da empresa para um almoço com um cliente. O agravante é que eles iriam a um local refinado de São Paulo, em companhia do presidente de uma estatal, que, por sinal, era pessoa extremamente formal.

No almoço, estariam dois executivos com suas tradicionais indumentárias (o presidente da multinacional e o presidente da estatal), acompanhados por uma pessoa vestida de jeans, camiseta e tênis, que mais parecia um esportista.

Como se tratava do primeiro encontro desse profissional com o presidente da estatal, ele estava muito desconfortável e se sentindo constrangido. Ele permaneceu a maior parte do tempo se justificando por seus trajes, explicando o que era o *Casual Day* e suas particularidades, embora ninguém o tivesse questionado. O presidente da estatal não estava preocupado com a camiseta ou o tênis do profissional, em verdade, ele queria saber das tecnologias disruptivas, pois pretendia estruturar projetos com inovações na organização que presidia.

A partir desta data, o profissional aboliu o *Casual Day*, estando sempre preparado para enfrentar situações não planejadas. Receoso, ele também orientou sua equipe para que todos os profissionais avaliassem o risco no caso de adesão ao *Casual Day* e as possíveis consequências disso.

Para registro

O que deu certo?

- O aprendizado e o compartilhamento da situação com a equipe foram os únicos pontos positivos, propiciando o debate de Lições Aprendidas.

Como aplicar em outros projetos?

- Propiciar no projeto um ambiente democrático para compartilhamento de situações, mesmo que desagradáveis ou negativas.

O que deu errado?

- Considerar que nenhuma situação não planejada ocorreria.

Como evitar novas ocorrências?

- Procurar se preparar para imprevistos e pecar sempre pelo "excesso" e nunca pela "falta" no tocante ao relacionamento respeitoso com o cliente; importante ressaltar que isso não se aplica a "escopo" de um projeto, que não deve ter "falta" nem "excesso", mas sim, atender aos requisitos definidos mediante o atingimento dos critérios de aceite previamente estabelecidos.

Palavras-chave

- *Casual Day*; imprevistos.

LIÇÃO **29**

Cronogramas brasileiros

Em um grande projeto realizado em Brasília (DF), mais de cinco mil unidades de uma mesma empresa em todo o Brasil foram mobilizadas para uma completa reorganização de seus processos.

Para essa mobilização, foi organizado um programa abrangendo 27 projetos simultâneos. Um exército de mais de 160 pessoas, com profissionais de norte a sul do Brasil, foi recrutado para o projeto. Muitas destas, eram pessoas de origem humilde, trabalhadores que se dedicavam com afinco às atividades operacionais nas unidades da empresa.

Para todas as 27 frentes de trabalho, houve um significativo esforço para se criar cronogramas detalhados, o que durou cerca de dois meses. E foi nessa intensa força-tarefa que dois aprendizados ocorreram.

A primeira lição foi que, ao criar os cronogramas, muitos líderes acessavam diretamente um *software* específico para realizar essa tarefa. Contudo, esse *software* não era amigável para a maioria das pessoas e, isso gerava certo "medo" e inibição nas equipes. Desse modo, as reuniões e trabalhos não tiveram um pleno sentido de colaboração. Além disso, os líderes desses projetos, de imediato, colocavam tarefas e já solicitavam os respectivos prazos de cumprimento em cada linha, como "sugere" a disposição dos campos nos *softwares* específicos de elaboração de cronogramas. Não se pode dizer que havia algo totalmente errado nisso. Em verdade, houve sim uma sutil percepção: ao colocar diretamente prazo para cada tarefa, preenchendo, sempre nessa sequência, tarefa e prazo, tarefa e prazo, a constatação foi de que o foco se perdia. A discussão de prazo a cada linha desviava a atenção do escopo, que acabava por não ser explorado ao limite necessário. Consequentemente, 70% dos projetos apresentaram cronogramas incompletos, em que tarefas importantes não foram incluídas.

Duas orientações corrigiram esta situação: a primeira foi de que as tarefas deveriam ser previamente exploradas em uma dinâmica de *post its* ou em um *software* de mapa mental, de modo mais amigável para as equipes, potencializando o *brainstorming*. E somente depois de um razoável nível de discussão, os líderes de projeto deveriam transferir as atividades para o *software* de cronograma. A segunda orientação foi de que cada líder deveria conduzir as reuniões para direcionar "o que" deveria ser feito, e somente depois deste "o que" devidamente explorado, é que o líder deveria promover a discussão de "quando" (prazos). Assim, a estruturação e o planejamento dos trabalhos seguiram de uma forma melhor até que a discussão de prazos passou a ser o foco e surgiu, então, um segundo aprendizado.

Esse segundo aprendizado se deu sobre um equivocado entendimento que, muitas vezes, se tem acerca de cronogramas no país. A percepção que a maioria das pessoas tem, e que é algo até cultural, é que, quando se fala em datas, as pessoas entendem como um "prazo final" para entrega de uma tarefa. Não é comum uma cultura de "duração" das atividades. Normalmente as pessoas respondem "posso fazer esta atividade até a data x, esta outra atividade até a data y", sem se importar exatamente se uma afeta a outra, com a disponibilidade, etc.

Os líderes passaram então a aculturar as pessoas para um conceito de duração das atividades, e não de prazo final. Uma pergunta passou a ser feita, incansavelmente, pelos líderes de projeto: "Se você tivesse apenas esta atividade para fazer, quanto tempo precisaria para terminá-la?".

Obviamente, em um projeto deste porte, outros aprendizados ocorreram, tais como: dificuldades para consolidação de todos os 27 cronogramas, visões de caminho crítico, atividades com duração não superior a duas semanas, entre outros. Contudo, as ações relacionadas aos dois aprendizados descritos geraram a base fundamental que permitiram um cronograma confiável de mais de 110 mil linhas de atividades para um horizonte de 18 meses.

Para registro

O que deu certo?

- Definir ações estruturantes para construir um cronograma sólido.
- Esclarecer a diferença entre data de entrega e prazo para realização.

Como aplicar em outros projetos?

- Ao construir cronogramas, avaliar a maturidade das equipes envolvidas e definir ações que potencializem os resultados de *brainstormings*.

Palavras-chave

- Cronograma; caminho crítico; *brainstorming*.

LIÇÃO **30**

Nada é tão novo, nada é tão velho

Em um investimento de mais de 15 milhões de reais realizado por uma empresa em Minas Gerais, um profissional de projetos não conseguiu sensibilizar os principais líderes da organização de que os esforços deveriam ser controlados por meio de uma Curva S, uma das principais técnicas de gestão de custos e prazos de projetos.[15]

No Brasil, muitas vezes, encontramos profissionais que veem conflito entre planejar e realizar. E, há também, no outro canto deste "ringue", profissionais de projetos que exageram nas medidas de controle. Então, como encontrar o equilíbrio?

As técnicas de gestão de projetos tornaram-se importantes instrumentos para controle de investimentos na era da informação. Uma resposta para um cenário de mudança constante, encurtamento dos ciclos de vida de produtos, de convergência, de tecnologias que reúnem mais pessoas, mais dados e de forma mais rápida e, da necessidade, cada vez maior e urgente, de inovar e de incrementar a capacidade de produzir valor.

Neste projeto em Minas, ao apresentar a técnica, o profissional ouviu uma certa resistência com o característico e convidativo sotaque: "Uai, essa técnica é muito diferente! É de outro mundo! É tão diferente, tão diferente, que na verdade não é só de outro mundo, não! É de uns dois ou três mundos pra lá!".

---

[15] A Curva S é um gráfico que tem no eixo "x" (horizontal) a unidade "tempo" e no eixo vertical "y", os "valores acumulados" na linha do tempo. Nesse gráfico, são apresentados os custos planejados, os custos incorridos e o valor agregado (trabalho realizado frente ao planejado). Assim, em um dado momento, é possível identificar a condição de custos do projeto (planejado vs. realizado) e de prazos (quanto foi feito vs. quanto deveria ter sido feito).

Antes de responder a uma situação como esta, um profissional de projetos experiente deve entender que, somente no âmbito de projetos, existe uma ampla gama de abordagens, *frameworks*, livros, técnicas, processos, boas práticas, etc. Deve, ainda, ter ciência de que inúmeros projetos similares existem em organizações completamente diferentes, onde uma mesma experiência pode ter sucesso em um lugar e insucesso em outro. Deve lembrar também a quantidade de projetos de diferentes tipos, a infinidade de empresas existentes com portes e variados níveis de maturidade em gerenciamento de projetos, além de considerar países com diferentes culturas, leis, normas e regras de conduta.

É preciso, então, pensar além da disciplina de projetos, entender que na era (do excesso) de informação há uma infinidade de referências, uma enorme quantidade de conhecimento no mundo, e muito conhecimento disponível. Inúmeras correntes, ideologias, culturas, teorias.

Um cuidado, então, é não esquecer que sempre há um contexto maior, que justifica o investimento e deve dar a medida do controle. É um princípio básico, mas muitos profissionais de projetos ficam tão envolvidos e fascinados por ferramentas, técnicas e boas práticas que ignoram esse contexto maior e, às vezes, tornam-se "cegos" para a exata condição de "temperatura e pressão" que os cerca.

Portanto, o líder de um projeto, antes de discutir técnicas, deve tratar do seu projeto com naturalidade, e isso pressupõe maturidade e flexibilidade somada à multidisciplinaridade de conhecimentos.

Neste projeto, o profissional de projetos argumentou que a Curva S era uma técnica utilizada em todo o mundo. Como resposta, ouviu que aquilo que funcionava em todo o mundo não necessariamente funcionaria naquela empresa. Mas insistiu que, por se tratar de um projeto, havia a necessidade desse controle. Tecnicamente estava certo, mas a tréplica foi emblemática: "Até as pirâmides do Egito foram construídas por meio de projetos e nem por isso tiverem este controle!". A justificativa, também correta, era de que as pessoas daquela empresa não entenderiam a técnica.

Por fim, a Curva S não foi usada. O projeto que estava planejado para ser concluído em 13 meses, se estendeu por longos 30. Provavelmente, se a técnica tivesse sido usada, o prazo poderia ter sido reduzido, pelo controle que teria existido na gestão.

Não há uma receita única para tratar esse tipo de situação. No entanto, além da naturalidade e do conhecimento amplo já abordados, outra dica é que, ao propor uma técnica, o foco não esteja simplesmente em apresentá-la ou justificá-la mas, sim, no resultado tangível ou na experiência prática que ela proporciona. Em outras palavras, um bom gerente de projetos é aquele que, além da naturalidade, convence sem precisar dizer que se trata de gestão de projetos, que é algo do Guia PMBOK® ou da referência X, Y ou Z. Se é preciso usar esse tipo de argumento, muito provavelmente é porque aquilo não está agregando valor por si só.

Bons líderes de projeto não justificam modelos e referências sem antes apresentar resultados efetivos de entregas, que permitam às pessoas, leigas ou não, perceber por meio de uma experiência concreta, a identificação clara do benefício obtido e da aplicabilidade. Bons líderes ouvem: "Que bacana isso para o nosso projeto!", seguido por "de onde você tirou?". Aí, o líder explica sua fonte, sua técnica, compartilha sua experiência e seu conhecimento, mas a essa altura já conquistou o espaço.

Para registro

O que deu errado?

- Deixar de utilizar a técnica em prejuízo ao adequado controle de projetos.

Como evitar novas ocorrências?

- Buscar a sensibilização do uso por uma abordagem mais prática, que evidencie o resultado efetivo. E não havendo sucesso, rapidamente mostrar os impactos e riscos.

Palavras-chave

- Curva S; controle de projetos.

LIÇÃO **31**

Na guerra, o soldado dorme de coturno e fardado

Um grande projeto de mudança em processos relacionados com a emissão de notas fiscais foi realizado em uma empresa com mais de 300 unidades espalhadas por todo o Brasil. A empresa emitia cerca de um milhão e meio de notas fiscais por mês.

O projeto era uma obrigatoriedade legal, e tinha uma característica específica: uma grande quantidade de alterações nas regras fiscais por parte de todos os 27 Estados envolvidos, o que afetava diariamente o escopo do projeto. Era preciso integrar todo este volume de notas fiscais por meio de arquivos eletrônicos, com todos os Estados onde a empresa mantinha operações.

Os riscos envolvidos eram da ordem de dez milhões de reais por dia. Havia uma complicada equação de processos e *softwares* envolvidos e uma mudança constante de escopo, por pressão de questões legais e, também, devido à inovação do tema.

Neste contexto, o gerente do projeto planejou duas equipes, cada uma composta por dez pessoas, com as mesmas habilidades e conhecimentos. A primeira equipe, tinha por foco todas as atividades planejadas no cronograma e o suporte central em um *War Room* (em português "quarto de guerra", local onde a equipe do projeto fica fisicamente reunida). A segunda, chamada de *SWAT Team* (o termo designa uma equipe especializada em dado assunto, porém a sigla tem origem na língua inglesa em *Special Weapons and Tatics*), permanecia de prontidão para tratar as atividades não previstas e emergenciais *in loco* nas unidades.

Transcorridos alguns poucos meses de projeto e considerando-se uma das inúmeras alterações legais que eram solicitadas, estipulou-se uma determinada Unidade da Federação como sendo a primeira para a implementação do novo processo, tendo como prazo apenas 104 dias a partir daquela data. Nesse Estado, a empresa contava com cinco unidades, e esse prazo era severamente insuficiente para todos os esforços necessários.

As duas equipes se desdobraram para conseguir concluir 70% das atividades previstas, faltando apenas três dias para o encerramento do prazo legal, uma sexta-feira. Como não havia mais alternativa, nesse mesmo dia o gerente do projeto seguiu junto com o *SWAT Team* para o *"front"*, de peito aberto, para enfrentar a guerra!

No avião, a caminho, o gerente do projeto estava trabalhando com o *notebook* aberto. Uma pessoa passa por ele, vê o logotipo da empresa em um documento que estava aberto e pergunta: "você trabalha nesta empresa?". O profissional responde que sim. A pessoa entrega um cartão de visita e pede para que ele a procure ao final do voo, após o desembarque. Ao ver o cartão, o gerente do projeto espanta-se e exclama para uma das pessoas da equipe ao seu lado: "É o cara!", referindo-se ao secretário da Fazenda do Estado, o próprio, em pessoa. Estava ali o responsável pela demanda que afetava a todos.

Avião pousado e momento de retirada de bagagens. O líder do projeto se dirige ao secretário da Fazenda, que o aguardava fumando dentro do saguão do aeroporto. O gerente do projeto inicia a conversa explicando os esforços da empresa para atender a obrigação legal. O secretário, por sua vez, comenta sobre os esforços do governo em relação ao projeto.

Nesse interim, termina de fumar e joga a bituca do cigarro no meio do saguão. O gerente do projeto tenta ao máximo não transparecer o incômodo com a cena. O secretário percebe e comenta: "Fique tranquilo. Estamos gerando empregos!".[16]

Em seguida, o secretário surpreende mais uma vez: "Grandes contribuintes, como vocês, têm um tratamento especial. Protocole na segunda-feira um pedido de prorrogação, para que vocês tenham mais tempo para se preparar".

---

[16] Quando da ocorrência deste episódio, ainda era permitido fumar em alguns aeroportos do país. A lei antifumo surgiu no Estado de São Paulo em maio de 2009, todavia, a lei que proibiu definitivamente o fumo em locais fechados e restringiu a publicidade sobre o tabaco em todo o país é de 15/12/2011. Esta lei também aboliu os recintos dedicados aos fumantes em aeroportos, *shoppings* ou empresas, que ainda eram permitidos em vários Estados do país.

O gerente do projeto telefona para o seu chefe, para relatar o encontro inusitado e inesperado: "Chefe, veja bem, há coisas que acontecem em projetos que são difíceis de explicar... Eu encontrei o secretário da Fazenda no voo, e ele nos concedeu mais 60 dias!".

Após o ocorrido, o gerente do projeto retornou junto com o *SWAT Team*. A prorrogação foi confirmada e o projeto seguiu em frente.

Nota dos autores
> Mais tarde, soube-se que era o Estado que não estava pronto para receber os arquivos das empresas.

Para registro

O que deu certo?

- Estar preparado para todo tipo de situação em um projeto, da predisposição de trabalhar em horários alternativos e finais de semana, da imprevisibilidade do encontro com um *stakeholder* (interessado no projeto) em momentos decisivos não planejados (embora por um descuido de trabalhar com *notebook* aberto em um local público), até manter a compostura mediante um ato reprovável, como o de jogar uma bituca de cigarro no saguão de um aeroporto.
- A estratégia de um *SWAT Team* permitiu que a equipe núcleo continuasse os trabalhos enquanto outra se dedicava a esforços não previstos, embora isso tenha resultado em custos adicionais significativos ao projeto.

Como aplicar em outros projetos?

- Definir uma política para sua organização para a realização de trabalhos em locais públicos, considerando os aspectos de confidencialidade e segurança da informação.

Palavras-chave

- *War Room*; lei antifumo; *SWAT Team*.

LIÇÃO 32

Na era de "compartilhar", pergunta-se: até hotel?

As despesas de viagem representam um elemento que exige redobrada atenção para as organizações, pois podem afetar significativamente os custos de um projeto; por isso, o planejamento das despesas de viagem deve ser criteriosamente elaborado com estimativas realistas, e a execução do projeto deve ter um rígido controle sobre tais despesas. Para empresas de consultoria isso também é representativo, pois tais despesas afetam diretamente a lucratividade planejada em seus projetos.

As estimativas devem incluir, além das passagens aéreas, a hospedagem, refeições, comunicação (telefone e Internet), transporte (na cidade de origem, por exemplo, serviços de táxi para/de aeroporto), transporte (na cidade de destino, incluindo chegada ao hotel e movimentação diária dos profissionais), custos de lavanderia (em geral, se houver permanência por mais de uma semana), e para viagens internacionais: seguro saúde, despesas com documentação se for o caso (passaporte e vistos). Evidentemente, em geral, nenhum tipo de despesas com lazer ou bebidas alcoólicas são contempladas.

As estimativas devem ser elaboradas por profissionais experientes, que tenham disponibilidade de tempo para a realização de pesquisas de preços, seja junto a hotéis, companhias aéreas e outros fornecedores. Para obtenção de melhor precisão nas estimativas, a equipe deve trabalhar reunida na busca de consenso, pois "nenhum de nós é melhor que todos nós". Evidentemente, essas estimativas devem ser consistentes com as políticas de viagem e os parâmetros definidos pela organização, e, sempre que possível, a base de Lições Aprendidas disponível na organização deve ser consultada (TERRIBILI FILHO, 2014).

Para as empresas de consultoria (contratadas), as despesas de viagem podem se tornar em um componente de custos de significativa relevância, sobretudo se a equipe do projeto não residir na cidade onde ocorre a prestação dos serviços, e se o projeto tiver longa duração. Há três modalidades para tratar despesas de viagem em projetos com a contratante:

1. Inclusão do pacote "despesas de viagem" no preço do serviço da consultoria

Todas as despesas são incluídas no preço do serviço a ser prestado, sem informação alguma da composição à contratante. A principal vantagem é que a gestão das despesas é de responsabilidade exclusiva da consultoria, isentando a contratante de qualquer ação. Por outro lado, a principal desvantagem é o aumento do preço final do serviço à contratante, pois haverá incidência de impostos (as despesas de viagem farão parte dos serviços prestados); ademais, a consultoria pode também incluir um adicional às despesas para não reduzir o "percentual de margem" de rentabilidade de um projeto.

2. Ressarcimento da contratante à consultoria (contratada)

As despesas são reembolsadas pela contratante com base em prestação de contas por meio de apresentação de notas fiscais que comprovem o valor e a origem das despesas. A principal vantagem desse modelo é que o preço do serviço fica reduzido, pois não há bitributação com as despesas de viagem. Como desvantagem, há o lado "auditor" que a contratante assume, questionando a origem das despesas e os valores apresentados, a periodicidade com que os integrantes do projeto retornam à sua cidade de origem; ademais, a consultoria deve preparar relatórios semanais/quinzenas com documentação comprobatória para prestação de contas à contratante.

3. Contratante assume as despesas de forma direta

As despesas com passagens aéreas, hotéis e alimentação são pagas diretamente pela contratante aos fornecedores. A principal vantagem é que isenta a consultoria (contratada) da pesquisa de preços e da gestão das despesas de viagem; entretanto, os seus profissionais ficam à mercê das condições oferecidas pela contratante que, para reduzir custos, pode propiciar acomodações e alimentação aquém das usuais oferecidas pela consultoria.

Qual é o melhor modelo? Não há uma resposta correta. Pode-se combinar essas alternativas; procurando obter o que há de melhor em cada uma delas, ou mesmo negociando algumas premissas ou particularidades da contratante. É importante que contratante e contratada sintam-se confortáveis com o modelo pactuado pelas partes.

Para todo tipo de organização, o gerente de projetos deve estar ciente que a condição de hospedagem de qualquer profissional deve ser igual ou superior ao padrão de vida médio de sua equipe. Ninguém viaja a trabalho para viver em condições ruins, pois já está distante de sua família, de sua casa e de seus afazeres pessoais. Há possibilidades para redução de custos com despesas de hotéis para projetos de longa duração, como contratação de *flats*, que propiciam um ambiente mais próximo a uma residência que um hotel.

Há, porém, situações polêmicas como "compartilhamento" de quarto de hotel, cujos problemas podem se iniciar no *check-in* (entrada), como o fato ocorrido com uma empresa que tinha no projeto uma atividade de treinamento para 200 profissionais. Optou-se pela hospedagem em hotel cinco estrelas em Búzios (RJ). O primeiro problema: como a formação das duplas se dera por ordem alfabética, havia um quarto compartilhado para duas pessoas com o mesmo nome, porém, tratava-se de nome comum a dois gêneros, no caso, era um homem e uma mulher. Evidentemente, o problema foi contornado imediatamente na portaria do hotel.

O organizador do treinamento, que tinha duração de uma semana, recebeu inúmeras reclamações: fumantes hospedados com não fumantes; pessoas que dormem com TV ligada, outras não; aqueles que optam por luminosidade no quarto e aqueles que querem escuridão total. Para piorar: o ar condicionado, que tem seus fãs e seus inimigos; a privacidade nas conversas telefônicas com mãe, pai, irmãos, esposa ou filhos; e sobretudo, as questões de intimidade e hábitos relacionados ao uso de banheiro. Além disso, comentários negativos de colegas de quartos compartilhados se espalhavam pelos grupinhos, por ocasião dos intervalos no curso.

Foram tantas as reclamações que, desde então, a empresa proibiu em suas políticas de viagem esse tipo de modalidade de acomodação, optando por hotéis um pouco mais simples, mas com quartos individuais, preservando a privacidade de seus profissionais.

Quando se viaja com amigos, tudo isso passa despercebido ou é tolerado, pois a amizade é uma escolha. Ademais, entre amigos há liberdade para se debater qualquer situação que cause desconforto a qualquer uma das partes. Quando se viaja a trabalho, isso não existe. O compartilhamento de quartos é polêmico, pois depende de valores pessoais; entretanto, em um ambiente profissional todos querem (e devem) ser respeitados, sobretudo nas questões de privacidade.[17]

Para registro

O que deu certo?

- Utilizar rapidamente a Lição Aprendida para mudar as políticas de viagem.

---

[17] Por meio do livro *Project and People Management: una guida operativa* (Milano: McGraw-Hill, 2013), os especialistas em gerenciamento de projetos Donatella Pinto, Mauro Fenzi e Ezio Fregnan apresentam a experiência da empresa italiana Comau, que tem 23 centros operacionais, 14 unidades de produção e cinco centros de pesquisa e desenvolvimento, estando presente em 13 países com 14.500 funcionários. Neste livro com 539 páginas, são apresentados modelos de planilhas, relatórios e *dashboards* utilizados, ferramentas, instruções e políticas da empresa. Por exemplo, há uma seção chamada Travel Management, na qual são apresentados: um formulário simplificado de pedido de viagem (dados do funcionário, roteiro e datas de viagem, tipos de acomodações em hotel, aluguel de veículo e aprovações) e um *checklist* com 18 recomendações à equipe de projetos para reduzir os custos em viagem, que são apresentados de forma objetiva e prática; por exemplo: (i) planejar antecipadamente as viagens com frequência previamente definida; (ii) verificar se todos os profissionais que viajam são indispensáveis; (iii) verificar se a viagem não é substituível por outros instrumentos (vídeo-conferência, por exemplo), (iv) verificar a flexibilidade de datas, pois há casos em que viajar um dia antes ou um dia depois muda significativamente os custos dos bilhetes; (v) reservar com antecipação os voos; (vi) na compra de passagens aéreas, utilizar a opção "flexível ou irrestrita", mesmo que o custo de emissão seja maior. As demais recomendações englobam aspectos de estacionamento, opções de aeroporto, voos de baixo custo, aluguel de veículos, etc.

Como aplicar em outros projetos?

- Respeitar sempre a intimidade e a privacidade dos profissionais da organização, optando por acomodações individuais, mesmo que em locais mais simples.

O que deu errado?

- Procurar reduzir os custos de hospedagem dos profissionais em viagem, oferecendo quartos duplos em hotel de primeira linha.

Como evitar novas ocorrências?

- Oferecer aos profissionais em viagem, condição igual ou superior à que têm no seu dia a dia.

Palavras-chave

- Despesas de viagem; projeto – custos; viagem – políticas; políticas de viagem.

Referências

PINTO, Donatella; FENZI, Mauro; FREGNAN, Ezio. *Project and People Management*: una guida operativa. Milano: McGraw-Hill, 2013.

TERRIBILI FILHO, Armando. *Gerenciamento dos Custos nos Projetos*. Coleção "Grandes Especialistas Brasileiros em Gerenciamento de Projetos". Rio de Janeiro: Elsevier, 2014.

LIÇÃO **33**

A gestão de mudanças dos outros é refresco!

Uma empresa de grande porte do Estado de Santa Catarina, com faturamento anual de cerca de 5 bilhões de reais, adquiriu as operações de uma empresa do Rio Grande do Sul, também de porte significativo, com um faturamento de 1,5 bilhão de reais por ano.

O anúncio ocorreu em uma sexta-feira pela manhã e, logo em seguida, várias reuniões se sucederam na sede da empresa adquirente, em Florianópolis. Foram envolvidas a média e a alta gestão de todas as áreas, a equipe do PMO (Escritório de Projetos) e, com ela, o líder de gestão de mudanças, também conhecido por *change management*.

Nessas reuniões, começaram a ser definidas as próximas ações, já endereçando um imediato projeto de absorção das operações da empresa gaúcha. As lideranças foram mobilizadas para ajudar a entender como a transformação e a mudança iriam ocorrer, e como ela seria gerenciada.

Havia um contexto de mercado que justificava a aquisição, e também um comprometimento mútuo da alta direção das duas empresas em realizar a fusão das operações de modo imediato. O projeto já nasceu com patrocinadores empenhados e atuantes. Eles participaram de todas as reuniões naquela sexta-feira.

Uma equipe dedicada exclusivamente ao projeto foi definida. Para ela, foi atribuída a missão de, já na segunda-feira seguinte, em Porto Alegre, iniciar a gestão compartilhada das operações e construir o planejamento detalhado do projeto.

A equipe de gestão de mudanças já tinha um plano definido para projetos de aquisição, visto que a empresa havia decidido por uma estratégia de crescimento inorgânico para os cinco anos seguintes. Basicamente, o modelo era constituído por três pilares: Mapeamento dos Impactos Organizacionais, Comunicação e Treinamento.[18]

Havia um plano inicial em que já estavam determinados os seis primeiros passos para qualquer nova aquisição:

1. **Definição da abordagem, visão e estratégia do plano de mudança;**

2. **Mapeamento dos riscos com a fusão das operações, avaliação da prontidão para a mudança e o levantamento dos impactos organizacionais individuais que o projeto traria;**

3. **Mapeamento dos** *stakeholders* **(interessados no projeto) de ambas as empresas e definição da cultura e dos comportamentos esperados;**

4. **Desenvolvimento de atividades de engajamento da liderança ao projeto;**

5. **Estabelecimento de agentes de mudança, suas responsabilidades e atividades;**

6. **Construção de planos de comunicação, engajamento e treinamentos.**

Ao chegar na empresa adquirida na segunda-feira, primeiro dia útil após o anúncio da compra, o gerente do projeto percebe que, já próximo da portaria central, onde antes ficava o logo da empresa gaúcha, foi colocada uma grande bandeira da empresa adquirente sobrepondo o antigo logo. O gerente do projeto, espantado com a forte ação

---

[18] Crescimento inorgânico envolve juntar uma empresa com outra por meio de uma fusão ou aquisição. Isso imediatamente expande os ativos, a renda e a presença no mercado. Existe também o benefício da adicionada experiência de pessoal no novo negócio. Permite às empresas atingirem de maneira rápida dimensões que levariam mais tempo a atingir, crescendo naturalmente (organicamente).

de comunicação, procura o líder de gestão de mudanças e pergunta o porquê da ousada ação. O líder de gestão de mudanças, colocando-se com plena consciência da ação, responde que isso foi definido dentro do plano inicial (seis passos). A definição foi por uma abordagem clara, definitiva, de modo a não despertar qualquer dúvida.

Para registro

O que deu certo?

- Ter um plano previamente definido, alinhado com os objetivos estratégicos de crescimento inorgânico, para qualquer projeto de aquisição que fosse realizado nos cinco anos seguintes.

Como aplicar em outros projetos?

- Um PMO (Escritório de Projetos) deve estar em sintonia com a estratégia empresarial, preparando planos prévios que estejam alinhados aos objetivos organizacionais.
- A disciplina de gestão de mudanças pode integrar um Escritório de Projetos para ampliar a visão dos projetos e facilitar a mudança.

O que deu errado?

- Falha na comunicação. Pois houve uma ação de alto impacto, sem conhecimento do gerente do projeto, que foi surpreendido pela colocação da bandeira sobre o antigo logo da empresa.

Como evitar novas ocorrências?

- Gerentes de projeto devem dar autonomia, mas também manter uma cultura na equipe de que as ações e os movimentos mais importantes sejam sempre alinhados com a gestão, mesmo em projetos que visem movimentos agudos e rápidos no mercado.

Palavras-chave

- Gestão de mudanças; *change management*; crescimento inorgânico; crescimento orgânico.

LIÇÃO **34**

O primeiro projeto a gente sempre esquece

O patrocinador de um projeto solicita ao gerente, em horário próximo ao final do expediente de trabalho, que o cronograma financeiro de um projeto seja entregue na primeira hora do dia seguinte, pois necessita da informação com urgência para estabelecer o orçamento do ano seguinte.

Entretanto, até aquele momento, nenhum exercício de planejamento ou, mesmo, um cronograma físico havia sido feito. A equipe não foi envolvida e existia somente um *business case*. O gerente do projeto sugere ao patrocinador que seria necessário envolver a equipe para estabelecer estimativas e um plano de projeto. O patrocinador repreende: "Esqueça o plano e a equipe, me envie o financeiro até amanhã às 8 horas, pois do contrário não haverá projeto!".

Situações como esta podem ocorrer em projetos por diversos motivos: *Time to Market* (tempo para disponibilizar um produto ao mercado), cultura da empresa, desconhecimento dos *stakeholders* (interessados no projeto) sobre os esforços necessários ao planejamento de projetos, falhas em processos orçamentários, entre outros.

Ocorre que, muitos líderes de projeto, contrariados, diriam simplesmente: "Não há tempo para se fazer um planejamento adequado!". Mas o que seria um tempo adequado para um planejamento? Algo que não atende ao patrocinador?

Nem todas as habilidades, ferramentas e técnicas, que um gerente de projetos conhece, podem ser aplicadas no dia a dia. Esses conhecimentos não devem ser uma barreira intransponível para se realizar entregas, mesmo que estas sejam, por algum motivo, solicitadas em padrões inferiores aos requisitos próprios de cada profissional, ou até mesmo, inferiores aos padrões de trabalho ou metodologias existentes (Lembre-se o ótimo é inimigo do bom!).

A entrega deve ser a meta. E o conhecimento existente deve ser um acelerador e não um freio. Um gerente de projetos inteligente deve responder, prontamente, a esta situação: "Ok! Deixe comigo! Farei o possível e o impossível!". E quando realizar a entrega dentro do prazo oferecido, aproveite o momento para que seu conhecimento esteja a favor e não contra: "Este é o cronograma financeiro estimado até o momento. Ele não é conclusivo, mas podemos refiná-lo envolvendo as equipes, enquanto garantimos ao menos esta verba. Eventuais ajustes poderão ser necessários, e se forem, serão justificados e controlados, mas a essência está aqui estimada e apresentada".

Essa foi a atitude acertada do gerente de projetos. E havia uma razão fundamental, ele acabara de ingressar na empresa, e estava totalmente motivado, pois aquele seria seu primeiro projeto. Enfrentar um projeto sempre com este espírito, como se fosse o primeiro, pode determinar se um gerente de projetos será protagonista ou coadjuvante no universo corporativo.

Citando Francis Bacon, o mero conhecimento não é poder, é somente possibilidade. A ação é poder. E sua mais alta manifestação se dá quando é direcionada pelo conhecimento. Ou seja, sem ação, o conhecimento, por si só, não trará poder algum.

Para registro

O que deu certo?

- Atender a exata e imediata necessidade do patrocinador, adequando conhecimento e prática.

Como aplicar em outros projetos?

- Através do atendimento de um pedido, conquistar a credibilidade, para posteriormente detalhar um planejamento ou, no limite, se resguardar quanto à não possibilidade em fazê-lo.

Palavras-chave

- Cronograma financeiro; conhecimento – poder.

LIÇÃO 35

Queimem os navios!

Em um projeto em Recife (PE), no transcorrer de uma reunião executiva, o diretor de uma empresa emite um *feedback* ao seu fornecedor de serviços de consultoria, afirmando: "Não sei o que acontece. Temos internamente profissionais competentes. Algumas pessoas da minha equipe possuem até habilidades parecidas com as da sua; mas os seus profissionais entregam um resultado muito superior".

Antes de responder, o fornecedor comenta: "Permita-me lhe responder com duas perguntas. A primeira: nos últimos 90 dias quais foram as grandes entregas que sua equipe realizou?". O diretor hesita por um momento e, em seguida, lembra de duas ou três realizações. O fornecedor, então, continua: "E, neste mesmo tempo, quais foram os grandes problemas que surgiram?". O diretor, como que em um divã, relata imediatamente uma série de situações. Ou seja, os problemas estavam todos na ponta da língua, mas as realizações necessitavam de resgate de memória.

O fornecedor explica ao diretor que, muitas vezes, há perda de produtividade nas organizações por conflitos e silos organizacionais. Como os profissionais de consultoria estão "de passagem" em seus clientes, não ficam "institucionalizados" e, normalmente, atuam com postura mais isenta e imparcial, e mais focada no projeto e em seus resultados. Esses profissionais sabem que, quando começam a entender as relações, os silos e as limitações das pessoas e do cliente, já estará na hora de mudar de cliente ou de mudar de projeto.

Um profissional de projetos, independentemente de trabalhar ou não em uma empresa de consultoria, deve se inspirar neste tipo de comportamento. Uma famosa frase do poeta francês Jean Cocteau exemplifica bem este *mindset* (direcionamento): "Não sabia que era impossível, foi lá e fez!". Trabalhar em projetos significa lidar com o novo a todo momento. Requer uma mente "oxigenada". Algo que, talvez, seja até difícil de explicar, como foi para esse diretor pernambucano, mas fácil de constatar por meio dos resultados.

Há, também, um outro valor característico de uma postura consultiva, que profissionais de projetos podem se inspirar: um passo à frente, sempre! Como exemplo desse "passo à frente", em uma empresa em Santa Catarina, um profissional de Tecnologia da Informação percebeu um importante movimento de mercado relacionado a inovações na área fiscal e, não teve dúvida, pediu licença da empresa por dois dias e, por conta própria, pegou um voo até Porto Alegre e participou de um congresso para entender tudo sobre o tema. Voltando para a empresa apresentou tamanho domínio do tema que lhe foi dada a tarefa de conduzir o projeto. Algum tempo depois, esse profissional havia se transformado em uma das referências nacionais no assunto.

Um profissional de projetos diferenciado é aquele que dá um passo à frente, e sempre busca o novo, tendo como atitude constante algo como: "Posso não saber completamente isso, mas buscarei o conhecimento necessário e vou fazer este projeto".

Esse "passo à frente" ocupa um espaço e cria uma condição única, gera um ciclo virtuoso no qual todas as sensações, aprendizados, glórias e frustrações passam a ser diferentes e enriquecedoras para este profissional. Novos e diferentes passos se sucedem e trilham, todos, o caminho do novo. É o que Malcolm Gladwell, em seu livro *Outliers*, chama de o "Efeito Mateus", em alusão a passagem bíblica "Tirai-lhe pois o talento, e dai-o ao que tem dez talentos. Porque a qualquer que tiver será dado, e terá em abundância; mas ao que não tiver até o que tem ser-lhe-á tirado" (Mateus, 25, 28-29). Para que lado dessa espiral os profissionais de projetos devem se orientar?

Trabalhar em projetos é mais do que ter acesso e utilizar ferramentas e técnicas, é ter disposição contínua em aprender. Um acrônimo associado aos estudos de gestão do conhecimento pode exemplificar bem este comportamento: a sigla LASER, sendo L de *learn* (aprender), A de *apply* (aplicar), S de *share* (dividir), E de *enjoy* (desfrutar) e R de *reflect* (refletir). A ordem, não é necessariamente esta, podendo ser RLASE, por exemplo.

Obviamente, como tudo na vida tem vários lados, esse comportamento também traz adversidades e obstáculos. E por vezes, incomoda. Profissionais que atuam em projetos estão sempre em evidência, mais expostos ao novo e, consequentemente, mais expostos ao erro. E acabam errando com mais frequência, o que, muitas vezes, é indevidamente valorizado. Por outro lado, adquirem "anticorpos" que os tornam profissionais únicos, preparados para tratar qualquer tipo de situação ou adversidade. É isso que os motiva e que, na mesma medida que os expõe, também os permitem "queimar os navios e se superar".[19]

Para registro

O que deu certo?
- Dar um passo à frente e criar um novo espaço, mesmo correndo riscos.

Como aplicar em outros projetos?
- Profissionais de projetos devem se habituar aos ônus e bônus de estar sempre expostos.

Palavras-chave
- LASER; RLASE.

Referência

GLADWELL, Malcolm. *Fora de série:* outliers. São Paulo: Sextante, 2008.

---

[19] Alguns autores atribuem a expressão "Queimem os navios!" ao conquistador espanhol Fernando Cortez, outros, ao também espanhol, Pizarro, e outros ainda, ao tirano Agátocles. Independentemente do autor, a expressão teria sido usada por um deles na chegada a uma terra estranha, como uma ordem para eliminar a possibilidade de voltar atrás, forçando a si mesmo e a seus homens a focarem na nova terra e fazerem tudo o que nela fosse necessário.

LIÇÃO **36**

Jantares a clientes: padrão comercial, persuasão ou antiética?

Em muitos tipos de projetos, há relações estreitas entre a organização e os fornecedores, sejam eles de materiais que serão utilizados no projeto, de *softwares* que serão implantados para subsidiar novos processos, de mão de obra para completar a *expertise* da organização, de serviços de consultoria e assessoria, de treinamento, entre outros.

Embora as relações entre a organização e seus fornecedores sejam pautadas por relações humanas, com todas as particularidades que envolvem "valores pessoais", registra-se o caso de uma grande organização paulista, que tem uma das marcas mais valiosas do país, que sabe "dar o tom" e por meio de normas e padrões de comportamento previamente definidos, institui um prático "código de conduta profissional", para evitar estreitamento nas relações pessoais com fornecedores e possíveis favorecimentos futuros, com o objetivo único de manter a imparcialidade nos negócios.

O primeiro fato ocorreu em um almoço de negócios com quatro profissionais, sendo que três eram da equipe do fornecedor e apenas um da organização contratante do serviço. Quando a conta foi solicitada ao garçom, um dos profissionais do fornecedor se prontificou a pagar para todos. O profissional da contratante disse que não, que ele pagaria a sua parte. Os três profissionais da contratada insistiram e tentaram persuadi-lo, dizendo que o pagamento seria da PJ (Pessoa Jurídica) mediante apresentação da nota fiscal. Ele negou sob alegação que sua empresa pagaria sua refeição, pois era essa a política. Ou seja, eles eram impedidos de aceitar o pagamento de refeições, presentes, viagem ou qualquer coisa que represente algum benefício pessoal. O fato foi tão atípico, tão ímpar que o clima na mesa foi de mal-estar, propiciando, porém, uma reflexão acerca da "independência" de uma organização na escolha e gestão de seus fornecedores.

Dois meses após o almoço, quando se iniciava o mês de dezembro, o gerente do projeto da contratada recebe uma correspondência, que certamente era enviada a todos os fornecedores da contratante. O conteúdo da mensagem se pautava em três tópicos: o primeiro, de agradecimento pelo convívio profissional e ético no ano que se findava; em segundo lugar, solicitava que não fosse encaminhado qualquer tipo de presente a seus funcionários, tampouco os convidassem para almoços ou jantares comemorativos, pois eles se sentiriam constrangidos por terem de recusar as ofertas, com base em padrão de conduta vigente na instituição. Finalmente, desejavam um Ano Novo promissor para todos. Conclusão: mensagem objetiva e contundente que impunha um padrão profissional e ético nas relações de negócios.

O gerente, ao receber a correspondência, convocou sua equipe para uma breve reunião, a fim de repassar as instruções recebidas aos integrantes do projeto e evitar qualquer problema de comunicação. No início da reunião, alguns contestaram a posição da empresa parceira, depois entenderam o conteúdo mais profundo e sutil da mensagem. Nesse momento, um profissional fez questão de dar um depoimento, dizendo que havia trabalhado em uma empresa que tinha por norma que qualquer presente com valor superior a 100 reais deveria ser encaminhado a uma determinada área da organização, que os reunia e ao final do ano sorteava-os aos funcionários durante a festa comemorativa de final de ano. Certo ou errado?

Dessa forma, as políticas de uma organização transformam aquilo que é "moral" e que varia de acordo com os valores de cada pessoa em "legal" no contexto da organização, estabelecendo um padrão saudável de comportamento, onde todos sabem o que pode ou não pode ser feito, ultrapassando os julgamentos do que é "certo" ou "errado".

Nota dos autores

O filósofo espanhol Fernando Savater em seu livro *Ética para la empresa* destaca que as virtudes de um empresário são: a audácia, a capacidade de identificar o interesse comum, a prudência, a responsabilidade, a eficácia, a confiança e a *ética*.

Para registro

O que deu certo?
- Ter políticas bem definidas de relacionamento com fornecedores.

Como aplicar em outros projetos?
- Divulgar as políticas aos fornecedores no início do projeto.

Palavras-chave
- Ética; fornecedores.

Referência

SAVATER, Fernando. *Ética para la empresa*. Barcelona: Conecta, 2014.

LIÇÃO **37**

Pessoas incomparáveis, projetos inesquecíveis

O poeta português Fernando Pessoa certa vez escreveu: "O valor das coisas não está no tempo que elas duram, mas na intensidade com que acontecem. Por isso existem momentos inesquecíveis, coisas inexplicáveis e pessoas incomparáveis".

Parafraseando o poeta, surge uma frase que se adéqua para expressar o cotidiano do mundo de projetos: "O valor de trabalhar em projetos não está no tempo que eles duram, mas na intensidade com que acontecem. Por isso existem projetos inesquecíveis, coisas inexplicáveis e pessoas incomparáveis".

Em projetos, as experiências costumam ser marcantes, muito provavelmente pela intensidade com que elas acontecem. Por vezes, coisas inexplicáveis também ocorrem! (Será que Pessoa, além de poeta, era também gerente de projetos?). Esta lição conta as experiências de dois profissionais que tornaram um projeto inesquecível.

Um desses profissionais era o gerente de uma área de um grande banco estatal brasileiro. Ele observou um humilde e dedicado jovem, de apenas 16 anos, cujo vínculo de trabalho era terceirizado. O jovem ficava todos os dias na empresa após o seu horário normal e, de forma voluntária, iniciou o desenvolvimento de um *software* para organizar a área onde eles trabalhavam. A iniciativa, ainda tímida até aquele momento, era uma maneira de o jovem exercitar seus estudos na área de Tecnologia da Informação. Um detalhe: havia uma regra na empresa que não permitia que profissionais terceirizados tivessem acesso a sistemas e *softwares* específicos. Ignorando a regra, o gerente da área investiu no jovem e na ideia. Tirou-o das suas atribuições convencionais e definiu o desenvolvimento daquela ferramenta como sua atividade principal, para o horário normal de trabalho. E fez mais, passou a apoiá-lo e acompanhá-lo, diariamente, acelerando e contribuindo para o desenvolvimento da ideia.

Após alguns meses, o trabalho começa a ganhar corpo com as primeiras automatizações já postas em funcionamento com sucesso. Em paralelo, ambos lembraram do fato que, contratualmente, o vínculo com o jovem se encerraria um mês antes de ele completar 18 anos. Faltavam menos de quatorze meses para isso e não havia nada que pudesse ser feito. Não estava previsto concurso público algum, e, mesmo que houvesse, nada poderia garantir que o jovem seria aprovado e, também, se aprovado, que seria alocado na mesma área em que trabalhava como profissional subcontratado (terceiros). O projeto, então, precisava ser intensificado para ter seu prazo reduzido, pois havia uma data instransponível.

Em um dado momento, outro problema. Houve uma reformulação nas regras de carreira, que gerou uma movimentação geral nos gerentes das várias áreas do banco (reestruturação organizacional), que culminou com a transferência do gerente para outra unidade. Então, ele deixou de ser o responsável direto pelo jovem, mas mesmo assim, continuou apoiando-o a distância.

Um ano depois, a sede do banco em Brasília soube da aplicabilidade da ferramenta e da eficiência que a mesma estava propiciando à dinâmica da área. Havia dezenas de outras áreas no banco que necessitavam de algo similar. Resultado: a ferramenta foi oficialmente homologada pelo banco e distribuída para todas as outras áreas para utilização imediata e contínua.

Para o jovem, aquele foi o primeiro de vários outros projetos em que atuou ao longo de sua vida profissional. Mas este foi especial, pois aprendeu na prática e no "berço" como um "incomparável" gerente de projetos, que constrói projetos "inesquecíveis", pode mudar a vida das pessoas, inclusive a sua.

Para registro

O que deu certo?

- Romper paradigmas, como o fato de terceiros não poder utilizar alguns *softwares*. Neste caso, após a constatação do sucesso, gerou-se uma discussão interna na empresa, e a política foi revista.

Como aplicar em outros projetos?

- Estabelecer parcerias com foco no conhecimento e no aprendizado. Neste caso, não havia objetivo financeiro algum, apenas a melhoria da produtividade da área e o desenvolvimento profissional, o que tornou a ideia e a dedicação de ambos ainda mais nobre, e o resultado ainda mais gratificante.

Palavras-chave

- Profissional subcontratado; terceiros.

LIÇÃO **38**

Atrasos, atrasos, negócios à parte

Sabe-se que um aspecto negativo de muitos brasileiros é a falta de pontualidade. Evidentemente, não se pretende criar um estereótipo de "impontual", pois há muita gente pontual no nosso país, que é responsável e atenta com seus compromissos profissionais e pessoais. Esta história, que trata de pontualidade, está dividida em duas cenas: a constatação e a aplicação.

Cena 1 – Filadélfia, Pensilvânia, Estados Unidos

Curso com duração de uma semana (de segunda à sexta-feira das 8h às 17h), na Filadélfia, Pensilvânia, destinado a 60 profissionais de 15 sedes mundiais de uma mesma empresa, com representantes de todos os continentes. Do Brasil, cinco profissionais (oriundos de São Paulo, Rio de Janeiro e Brasília) que optaram por, antecipadamente, alugar um veículo para facilitar a locomoção naquela cidade, que foi a primeira capital norte-americana e conhecida por ser o berço da independência daquele país (em 4 de julho de 1776). Lá, há inúmeras atrações turísticas, como o Independence Hall, o famoso Museu de Arte da Filadélfia e o Sino da Liberdade (Liberty Bell), que é o símbolo do movimento abolicionista dos Estados Unidos.

Tudo planejado, com veículo alugado naquele país, embora a empresa disponibilizasse aos participantes do curso um ônibus para transporte do hotel, onde ficaram hospedados, ao local do curso e vice-versa.

O voo de um dos brasileiros atrasou no domingo e chegou às 3h30 da segunda-feira, relembrando que o curso se iniciava às 8 horas. Ao chegar ao hotel, desfez rapidamente as malas e dormiu algumas poucas horas, pois logo cedo já estava no saguão do hotel para tomar o café e encontrar os demais brasileiros. Não viu nenhum dos brasileiros, por isso, seu café da manhã foi ao lado de colegas japoneses e canadenses. Pensou consigo mesmo que seus colegas compatriotas deveriam ter tido problemas com seus voos também, afinal, cada profissional havia feito sua própria programação de viagem.

Às 7h30, o brasileiro foi para o local do curso com o ônibus disponibilizado pela empresa. Pontualmente às 8 horas, com a sala praticamente lotada, o instrutor norte-americano sorri e diz um sonoro "Good morning", desejando um bom dia a todos e iniciando o treinamento. O primeiro passo foi uma apresentação rápida dos participantes, quando cada um dizia seu nome, cidade/país de origem e suas responsabilidades no seu escritório. Vinte minutos após, a aula teve seu início.

O único brasileiro presente no curso estava preocupado com seus colegas que não haviam chegado. Já eram 9h30 e nem sinal dos demais brasileiros. Além da preocupação, importantes conceitos já haviam sido abordados pelo instrutor, que certamente seriam utilizados durante toda a semana.

Por volta das 10 horas, a porta é aberta e ouve-se um envergonhado "Excuse me" (desculpem-me). O pedido de licença vinha de um brasileiro que chegava junto com outros três. Atrasados, interromperam o curso e procuraram os lugares disponíveis para se sentar. Diante da cena e da confusão, o instrutor optou por fazer a pausa para um café. Depois, soube-se que o motivo do atraso havia sido a desorganização do grupo, problemas de comunicação e outros, que não merecem ser aqui mencionados.

Como agravante à indisciplina dos brasileiros, no primeiro dia, saíram de lá às 19h15, embora o curso terminasse às 17 horas, sob alegação que tinham atividades por fazer (relatórios para a sede brasileira, dar instruções para suas equipes, entre outras). Enquanto os participantes dos demais países tinham a oportunidade de conhecer a Filadélfia, os brasileiros continuam trabalhando após o encerramento do curso.

Nos demais dias, os atrasos continuaram (variando entre 15 minutos a uma hora) no horário de chegada. O instrutor demonstrava insatisfação por meio de expressão facial, mas nunca verbalizou nada, em atitude de respeito às demais culturas. A impontualidade dos brasileiros também se registrava no retorno do almoço, invariavelmente. Todos os dias saíam mais tarde, ou seja, não antes das 18 horas.

Ao final do treinamento, o instrutor confidenciou a um dos brasileiros, dizendo que o grupo era criativo, porém muito indisciplinado na obediência às regras e normas estabelecidas.

Cena 2: Vitória, Espírito Santo, Brasil

A segunda história é acerca de uma concorrência pública em nível estadual na capital capixaba. Como todos sabem, as concorrências públicas presenciais têm data/horário limites para entrega da documentação e das propostas, por meio de envelopes devidamente lacrados pelos fornecedores. Para esse tipo de concorrência, há inclusive, registro dos presentes e divulgação pública por meio de uma ata, com o objetivo de demonstrar transparência e imparcialidade no processo.

Na data e horário estabelecidos, estavam presentes três empresas, duas de São Paulo e uma do Rio de Janeiro. Após a abertura dos trabalhos e registro das empresas presentes, foi iniciada a abertura dos envelopes de "habilitação das empresas". Todos estranharam a ausência de um forte concorrente, em função de sua experiência na área dos serviços solicitados; aliás, tratava-se de uma referência na área.

Neste momento, com cerca de 15 minutos de atraso ao horário oficial, chega esbaforido, um representante da referida empresa, alegando problemas de trânsito e demora para pagamento da conta no hotel. Alegava que o atraso não era significativo e que gostaria de participar da concorrência.

O presidente da licitação disse que não haveria problemas se as três empresas que haviam sido pontuais concordassem e aceitassem a inclusão da retardatária. O presidente ouviu um uníssono "não!". O representante da empresa ficou irritado e disse que o bem público estava sendo prejudicado, que moveria uma ação contra o governo estadual, pois a sua solução poderia ser a melhor proposta técnica e comercial.

O sábio presidente da licitação, com autoridade e propriedade, disse ao representante da empresa que poderia mover a ação, pois é um direito de todos; entretanto, de antemão, entendia que uma empresa que atrasa a entrega da proposta e que não cumpre este requisito mínimo não tem como garantir que não atrasará a entrega dos serviços, podendo comprometer o Estado e, sobretudo, o dia a dia do cidadão. Encerrou a sessão, excluindo a empresa da licitação.

Moral das histórias

A falta de pontualidade, em função de diversas razões, tem se tornado corriqueira no cotidiano das grandes cidades brasileiras. Com isso, a cada dia os atrasos se sucedem nas empresas e nas instituições de ensino, como foi visto na Cena 1, a constatação. Como decorrência, a Cena 2 mostra uma das possíveis decorrências de um atraso. É evidente que atrasos acontecem, temos na atualidade trânsito urbano conturbado, manifestações, deficiente transporte público, além dos imprevistos que surgem. Assim, **a pessoa pode não ter culpa de seus atrasos, mas a responsabilidade pelos seus atos continua sendo sua.**

Para registro

O que deu certo?

- Valorização da pontualidade, com início do curso no horário previsto, mesmo com a ausência de alguns participantes.
- Eliminação sumária de um concorrente em licitação por ter chegado atrasado no horário definido para a entrega da documentação.

Como aplicar em outros projetos?

- Não valorizar o atraso e as pessoas que atrasam, valorize a pontualidade e os pontuais; além de justo e certo, há uma contribuição para a mudança da cultura da organização e mesmo do país.

Palavras-chave

- Pontualidade; atrasos; licitação.

LIÇÃO **39**

Respire o projeto, mas não deixe de respirar

Em uma indústria, havia um acordo entre a empresa e o sindicato que representava os trabalhadores, de modo a evitar jornadas de trabalho que ultrapassassem dez horas diárias. Caso isso ocorresse, uma multa seria aplicada com valor progressivo, tendo por base o número de pessoas e o número de ocorrências, penalizando a empresa. O objetivo do sindicato era incentivar que, para trabalhos excedentes, fossem realizadas novas contratações.

Havia um importante projeto nesta empresa, com um potencial e severo impacto de risco da ordem de 10 milhões de reais por dia. O projeto contava com 30 profissionais e milhares de atividades em um "pesado" e desafiador cronograma para ser cumprido em 14 meses.

O gerente do projeto entendeu esses desafios como uma forma de ascender na hierarquia na empresa; por isso, não mediu esforços pessoais, optando por uma exagerada carga de trabalho. Durante meses, empregou uma rotina diária com jornadas de 14 a 16 horas, além de expedientes em praticamente todos os finais de semana e feriados. Em meio ao projeto, por força das leis trabalhistas e das regras da área de Recursos Humanos, foi obrigado a sair de férias, mas, usando seu *notebook*, trabalhou todos os dias a partir da sua casa.

Por um lado, todo esse esforço garantiu que o projeto tivesse um êxito técnico, mitigou os severos riscos e ainda gerou um clima de forte compromisso em toda a equipe. Contudo, por outro lado, gerou dois efeitos colaterais graves. Primeiro, o esforço desmedido "cegou" o gerente para muito do que acontecia à sua volta. Gradativamente, ele foi perdendo a capacidade de gestão, de "respirar o projeto", o foco em ar-

212 • *Lessons Learned* em Gerenciamento de Projetos: 40 Lições Aprendidas

ticular as necessidades junto ao patrocinador e demais *stakeholders* (interessados no projeto) da empresa, e de buscar melhores soluções para os problemas diários. Em raros momentos de lucidez, foi facilmente contraposto pela cultura da empresa que não privilegiava um planejamento assertivo. Quando confrontado, foi perdendo a altivez para reagir e a causa-raiz das derrotas eram, cada vez mais, o cansaço por uma condição física inadequada e por acreditar que tudo poderia se resolver apenas com esforço.

O segundo efeito colateral foi derivado da carga de trabalho a qual o gerente do projeto se submeteu. Isso gerou na equipe um sentimento de compromisso que os levou a acompanhar o ritmo de trabalho do líder, o que afrontava diretamente a regra das dez horas, acordada com o sindicato, e o gerente do projeto não tinha poder para mudar isso. Ao contrário, deveria ser o primeiro a respeitá-la. Como resultado dessa situação, os profissionais estavam tão envolvidos com o projeto e com o gestor que passaram também a se sujeitar àquele esforço. O gerente estava tão extenuado com o ritmo de trabalho que não se atentou para o que o cercava. Muitas pessoas chegavam até a bater o cartão de ponto na condição de "saída" e voltavam ao trabalho.

O tempo foi passando, os prazos se encurtando, os riscos tornando-se latentes e os trabalhos se intensificando ainda mais. Em contraponto, o gerente do projeto, a cada dia, tinha menor percepção da real situação que se encontrava. Acuado e pressionado pela cultura, passou a usar outros artifícios para incentivar a equipe, premiando-os com jantares, treinamentos, usando nas palavras dele "as armas que tinha".

Após alguns meses, o gerente foi demitido por desvio de conduta, pois descumpriu os procedimentos e normas da empresa, além de propiciar uma condição inadequada à sua equipe de projeto. Quando se fala em atitude, um gerente de projetos deve acatar o que o Guia PMBOK® apresenta como "entrada" em 43 dos seus 47 processos: "Ativos de Processos Organizacionais", que são as políticas da organização, os procedimentos, os processos, os modelos e as bases de conhecimento específicas da organização. Ou seja, não há desculpa, não há justificativa: um erro não justifica outro.

Para registro

O que deu errado?

- O gerente de um projeto deve seguir as políticas, os procedimentos, os processos da organização, independentemente de atrasos nos projetos.

Como evitar novas ocorrências?

- Manter o corpo gerencial informado da necessidade do cumprimento das políticas, os procedimentos, os processos da organização, realizando auditorias periódicas e/ou revisões de qualidade independentes nos projetos.

Palavras-chave

- Gerenciamento – dos recursos humanos; sindicato; atitude.

LIÇÃO **40**

As dinâmicas são indispensáveis no processo construtivo

É comum ver uma ação certeira e precisa de um mecânico, de um marceneiro, de um dentista ou de um médico cirurgião, pois detêm conhecimentos, habilidades e, por vezes, autorizações formais para o exercício da profissão; entretanto, um item que se torna relevante na qualidade de sua atuação profissional é a "correta escolha" e o "uso adequado" das ferramentas de trabalho.

Em projetos, a situação é a mesma. Cabe ao gerente de projetos e/ou aos líderes das frentes de trabalho identificar qual ferramenta deve ser utilizada em uma dada situação do projeto, a fim de se obter as respostas das equipes, obter compromisso, capturar conhecimento, criar novas soluções, etc. Nesse contexto, debatem-se as ferramentas de "dinâmicas em grupos", estando excluídas as ferramentas de controle e monitoração de projetos.

Em uma importante empresa paulista distribuidora de bebidas, a equipe do projeto e os usuários de uma solução informatizada de Manutenção de Veículos eram constantemente submetidos à aplicação de novas ferramentas, na busca de alternativas e solução de problemas. A equipe se sentia motivada com essa proposta, pois sempre conhecia novidades desafiadoras. A frota de veículos era tão representativa na organização (mais de quatro centenas de veículos automotores) que havia oficinas para manutenção e reparo de caminhões e de veículos de passeio, além de bombas de combustíveis para abastecimento dos mesmos, instaladas na empresa.

A primeira ferramenta foi o uso da Espinha de Peixe, ou Diagrama de Ishikawa. Por meio dessa ferramenta, procurou-se identificar antecipadamente os possíveis problemas na implantação do novo sistema, em quatro dimensões: *software*, usuário, treinamento e migração de dados. Como nem todos conheciam a ferramenta, o gerente de projetos explicou-a e exemplificou a sistemática de uso. O resultado foi um sucesso, pois foram identificados cerca de 20 "potenciais" problemas no processo. A partir daí, foram discutidas as prioridades e as ações necessárias para eliminar/reduzir os "potenciais" problemas. O engenheiro químico japonês Kaoru Ishikawa (1915-1989) afirmava a importância de se atuar nas "causas" e não nos "sintomas". O nome "espinha de peixe" é decorrente da apresentação gráfica da dinâmica, quando se coloca o problema à direita (cabeça do peixe) e as possíveis causas à esquerda, formando a espinha do peixe. Esse diagrama também é conhecido como Diagrama de Causa e Efeito.

Outra ferramenta útil é o *brainstorming*, quando se pretende obter o maior número possível de ideias sobre um determinado assunto. Por isso, no uso dessa ferramenta, a avaliação, o julgamento e os debates não devem ser permitidos. Em geral, nem sempre o facilitador o conduz adequadamente, pois deve estimular a participação, registrar as ideias, impedir debates ou explicações, ser ágil para que não ultrapasse de 5 a 10 minutos de duração. No projeto, optou-se por realizar um *brainstorming* quanto à maneira de treinar os frentistas da empresa no novo sistema. Após isso, identificou-se mais de dez possibilidades. O mais crítico nesse processo era o registro de cinco informações: identificação do veículo, tipo de combustível, quantidade de combustível, situação do odômetro (funcionando ou quebrado) e quilometragem apontada no momento do abastecimento, pois com essas informações media-se o consumo, indicavam-se revisões e identificavam-se possíveis desvios de combustível. Após o término da sessão de *brainstorming*, iniciou-se a discussão de cada uma das dez possibilidades levantadas, quando se debateu as vantagens e desvantagens de cada uma. Ao final, optou-se pela realização de um *workshop* para sensibilizar os frentistas da importância da qualidade das informações no abastecimento, registrando cenas negativas decorrentes de informação incorreta, como a realização de revisões nos veículos sem necessidade, o consumo médio distorcido e suas consequências para a empresa, os frentistas e os motoristas.

Uma terceira ferramenta é "Os seis chapéus pensantes", baseada na teoria e no livro do Dr. Edward de Bono – *Six Thinking Hats*. Esses seis

As dinâmicas são indispensáveis no processo construtivo • 217

chapéus têm cores distintas. Na dinâmica, cada cor representa um papel a ser desempenhado pelo profissional, conforme Quadro 3, que foi adaptado da resenha elaborada por Csillag (1998). Assim, aquele que está com o chapéu branco deve apresentar "informações" no debate. O de chapéu amarelo, os benefícios; o de chapéu vermelho, as emoções e assim sucessivamente.

Quadro 3 – As cores dos seis chapéus

Cor do chapéu	Palavra-chave	Representação
Branco	informação	Neutro e objetivo; foco: fatos e dados.
Amarelo	benefícios	Otimismo, esclarecimento e confiança.
Vermelho	emoções	Emoções, sentimentos, intuição e impressões.
Verde	criatividade	Criatividade, movimento e geração de ideias.
Preto	precaução	Julgamento negativo, o motivo de não funcionar.
Azul	organização	Planejamento e controle do pensar e dos demais chapéus.

Fonte: Adaptado de Csillag (1998), que tem por base o livro de Edward de Bono.

Na dinâmica, o facilitador pode distribuir aleatoriamente os chapéus. Assim, com a dinâmica proposta, alguns profissionais podem ser obrigados a pensar de maneira antagônica à sua posição pessoal; outros não temem ser ridicularizados, pois a censura deixa de existir, egos são esquecidos, pois cada um assume um "tipo de pensar" (papel específico) determinado. O facilitador pode promover várias rodadas, provocando a troca de chapéus entre os participantes. Nessa mesma empresa paulista, estava sendo cogitado um projeto de terceirização de impressão (*outsourcing*), sabendo-se de antemão que havia alguns favoráveis ao projeto e outros contrários. Foram realizadas algumas dinâmicas com a equipe, com resultados extremamente positivos, pois vieram à tona emoções, sugestões, preocupações e novas ideias, que foram devidamente endereçadas no estudo de viabilização do projeto. O uso dos chapéus coloridos (fisicamente) possibilita que cada pessoa "assuma" com mais força seu papel na dinâmica, ficando claro aos demais também.

As equipes, em geral, gostam de realizar dinâmicas, pois é o momento em que podem fazcr algo fora do convencional, do dia a dia, utilizando a criatividade, interagindo com outras pessoas, debatendo, avaliando e auxiliando na tomada de decisão. Todavia, o organizador dessas dinâmicas deve ficar muito atento a dois itens fundamentais para seu sucesso: o *planejamento* e a *preparação*.

O planejamento envolve ter clareza dos objetivos e definir data, horário, duração, local, estratégia (métodos) e produtos que serão gerados na dinâmica. A preparação engloba a comunicação aos participantes, a obtenção/adequação da infraestrutura e a preparação dos materiais de suporte. Nenhuma dinâmica será bem-sucedida se não tiver planejamento e preparação de qualidade.

Para registro

O que deu certo?

- Equipes de projeto se sentem estimuladas para participar de dinâmicas que utilizem criatividade, por meio das quais possam apresentar suas ideias e debater.
- A escolha de dinâmicas consistentes com as situações do projeto.

Como aplicar em outros projetos?

- Qualquer dinâmica antes de ser executada deve atender a dois aspectos: planejamento (objetivo, estratégia e método) e preparação (comunicação aos participantes, infraestrutura e materiais de apoio).

Palavras-chave

- Dinâmicas; equipes – dinâmicas; *brainstorming*; Ishikawa; Espinha de Peixe; Diagrama de Causa e Efeito; chapéus pensantes; seis chapéus pensantes; de Bono.

Referência

CSILLAG, João Mário. Resenha bibliográfica do livro *Six thinking hats* de Edward de Bono (Boston, Little Brown, 1985), publicada na *Revista de Administração da FGV* (v. 28 n.1 São Paulo Jan./Mar., 1988). Disponível em: <http://www.scielo.br/scielo.php?pid=S0034-75901988000100011&script=sci_arttext>. Acesso em: 29 set. 2014.

APÊNDICE

Centro de Documentação de Projetos

O termo "centro de documentação" induz em um primeiro momento, equivocadamente, a algo exclusivo relacionado a armazenamento de documentos históricos em locais que necessitam de condições ambientais específicas (iluminação, temperatura e umidade relativa), visando à conservação do registro de memórias ou mesmo de acervos de publicações e livros. Ademais, nessa percepção, a proteção do acervo deve contemplar medidas preventivas contra agentes químicos (poluição atmosférica), agentes biológicos (fungos, insetos e roedores) e agentes humanos (manuseio inadequado e vandalismo).

Além dos centros de documentação histórica, há também os centros de documentação musical, de pesquisa científica, de arte popular, entre outros. Nas organizações públicas e/ou privadas, o centro de documentação pode contemplar o armazenamento (físico e/ou eletrônico) de normas e processos, contratos com clientes, fornecedores e parceiros, certificados, publicações da organização, biblioteca e, também, a "documentação de projetos". A abordagem neste Apêndice será exclusiva da área de projetos, ou seja, contemplará a criação e operação de um Centro de Documentação de Projetos, embora a maior parte da documentação de projetos seja, na atualidade, eletrônica.

O Centro de Documentação de Projetos tem duas funções primárias, excluindo-se uma possível função de "biblioteca" com responsabilidade de guarda, atualização e administração de livros, revistas, coleções e demais publicações, conforme demonstrado na Figura 7.

222 • *Lessons Learned* em Gerenciamento de Projetos: 40 Lições Aprendidas

Figura 7 – Funções do Centro de Documentação de Projetos

Centro de Documentação de Projetos

Função 1	Função 2	Função 3
Guarda/Consulta de documentação de projetos encerrados ou de fases concluídas	Controle de documentos em uso (formulários, planilhas, modelos)	Biblioteca guarda, atualização e administração de livros e periódicos

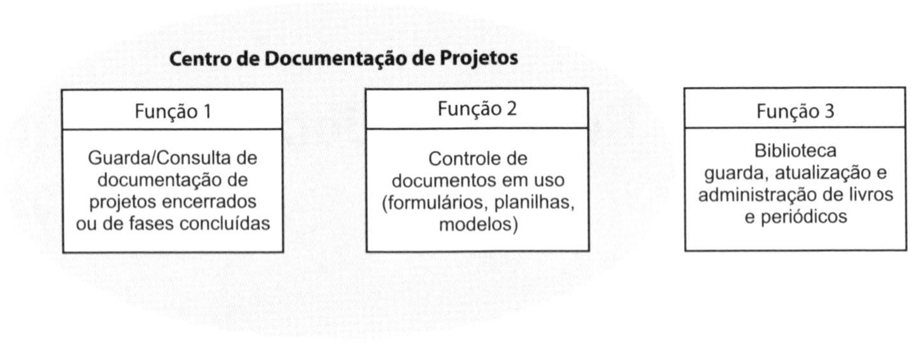

Fonte: Os autores.

Função 1 – Guarda/Consulta de documentação de projetos encerrados e de projetos em andamento com fases já concluídas

– guarda (física e/ou digitalizada) de documentos (em papel ou eletrônicos) de projetos encerrados e de projetos em andamento com fases já concluídas pelo prazo previsto em leis específicas, de acordo com cada projeto, permitindo posterior consulta pelos usuários, seja para fins de aprendizagem (Lições Aprendidas em projetos similares anteriores), seja para fins legais como material comprobatório de aceites, ou mesmo em ações movidas contra a organização ou pela organização.

É possível incluir nesta função a guarda de projetos ainda em andamento; todavia, devido ao dinamismo do dia a dia da gerência de projetos, quanto à guarda, recuperação e consulta de documentos, recomenda-se que o gerente de projetos controle a documentação e os arquivos eletrônicos até o encerramento do projeto ou de uma determinada fase, para posterior envio ou liberação ao Centro de Documentação.

As ferramentas de Gerenciamento Eletrônico de Documentos (GED), os *softwares* específicos para guarda e recuperação de documentos, os *softwares* de compartilhamento de documentos (Share Point, por exemplo, da Microsoft) possibilitam uma maior agilidade no processo e facilidades de gestão. Há também *softwares* específicos de gerenciamento de projetos e de gestão de Escritório de Projetos que podem contribuir com o Centro de Documentação de Projetos.

Função 2 – Controle de documentos em uso – guarda (física e/ou digitalizada) de documentos-padrão (formulários, planilhas, modelos), que devem ser utilizados pela organização no gerenciamento de projetos, constituindo-se dos documentos integrantes da metodologia utilizada pela organização.

Criação do Centro de Documentação

Para a criação de um Centro de Documentação de Projetos, faz-se necessária a realização de um planejamento que contemple as responsabilidades deste Centro, os volumes esperados ao longo do tempo, o espaço necessário, a localização, a mobília, os equipamentos, os recursos humanos necessários à operacionalização do Centro, a definição dos principais processos operacionais e de gestão, e também os recursos de sistema de informação. A Figura 8 ilustra as cinco etapas para a criação do Centro.

Figura 8 – Etapas para criação de um Centro de Documentação de Projetos

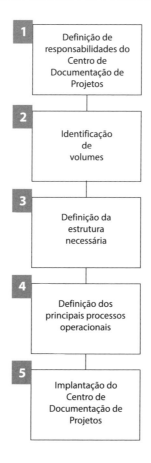

Fonte: Os autores.

Etapa 1 – Definição de responsabilidades do Centro de Documentação de Projetos

A etapa mais importante é definir claramente o papel do Centro de Documentação de Projetos na organização, pois, com base nesta definição, todos os demais itens do planejamento serão avaliados. Identificar se haverá guarda/consulta de documentação de projetos encerrados e de projetos em andamento com fases já concluídas (função 1) e/ou o controle de documentos em uso na organização (função 2), definindo algumas particularidades da organização na operacionalização da(s) função(ões).

Etapa 2 – Identificação de volumes

Para realizar a função de guarda de documentação de projetos encerrados e de projetos em andamento com fases já concluídas, torna-se necessário efetuar um levantamento para se apurar o volume de projetos em um determinado período de tempo (por exemplo, mensalmente), se a documentação é eletrônica e/ou física e o espaço médio necessário para armazenar a documentação de um projeto encerrado. Nesta etapa, devem ser definidos quais os documentos que serão armazenados, como: propostas, contratos, atas de reunião, relatórios de *status* de projeto, cronogramas, aceites intermediários e finais, atestados, planilhas de controle de custos, pesquisas de satisfação com o cliente/usuário, relatórios de resultados e metas, etc.

Ademais, deve-se definir uma política preliminar de período máximo em que a documentação ficará armazenada no Centro de Documentação de Projetos (por exemplo, cinco anos), quando, em seguida, deverá ser direcionada para o arquivo morto. Ainda nesta etapa, deve--se definir se o Centro de Documentação de Projetos será centralizado ou descentralizado, pois isso afetará diretamente o dimensionamento de espaço e os processos operacionais de envio, guarda e consulta. No caso de Centro de Documentação de Projetos descentralizado, o levantamento de quantitativos de projetos deverá ser por localidade.

Embora a maior parte da documentação dos projetos seja eletrônica, há de se analisar quais os documentos devem ser obrigatoriamente guardados fisicamente (propostas/contratos, aceites e algumas atas de reuniões específicas).

Etapa 3 – Definição da estrutura necessária

Nesta etapa, deverá ser avaliada a estrutura necessária, contemplando o espaço físico e as condições ambientais, a estrutura (armários, escadas, mesas, cadeiras, equipamentos) e os recursos humanos (quantidade de profissionais, habilidades requeridas e horário de trabalho). Quando da análise da estrutura necessária para o estabelecimento do Centro, deve ser contemplada as condições de consulta: eletrônica e/ou física. No caso de pesquisa física, pode-se ter a condição em que o usuário vai ao Centro de Documentação de Projetos e lá efetua a consulta com apoio de profissional do Centro, ou a condição em que o usuário solicita a documentação ao Centro de Documentação de Projetos, que lhe envia *a posteriori.*

Etapa 4 – Definição dos principais processos operacionais

Com base nos processos operacionais necessários, poder-se-á identificar as necessidades sistêmicas para a implantação do Centro de Documentação de Projetos. Com o objetivo de ilustrar alguns dos possíveis processos operacionais, mencionam-se alguns, ressaltando-se, entretanto, que a lista não é exaustiva.

Para a Função 1 – Guarda/Consulta de documentação de projetos encerrados e de projetos em andamento com fases já concluídas:

- Processo 1 – Envio de documentação de projeto encerrado para guarda – o usuário encaminha a documentação, com protocolo descrevendo volumes e materiais enviados. Nesse protocolo, podem-se mencionar algumas particularidades da guarda, como tempo mínimo de retenção, restrições de consulta, etc.;
- Processo 2 – Guarda de documentação de projeto encerrado – o profissional do Centro de Documentação de Projetos confere o material recebido, acusa o recebimento no protocolo, efetua os lançamentos no sistema de informação (dados do projeto, como: título, cliente ou área, gerente, patrocinador, objetivos, data de início, data de término, palavras-chave, Lições Aprendidas, etc.) e faz a guarda do material. Alguns documentos podem ser digitalizados e indexados, visando à redução de guarda de papéis físicos;

- Processo 3 – Consulta de documentação de projetos encerrados e de projetos em andamento com fases já concluídas – os usuários consultam em sistemas as informações básicas sobre os projetos e documentos disponibilizados por meio de sistema, podendo requisitar alguns documentos (físicos ou digitalizados), respeitando-se os critérios de autoridade e restrições de acesso. Opcionalmente, os profissionais do Centro de Documentação de Projetos podem realizar pesquisas para os usuários, todavia, esse procedimento deverá ser contemplado quando da quantificação dos recursos humanos para o Centro;
- Processo 4 – Envio de documentos solicitados – o profissional do Centro de Documentação de Projetos encaminha (física e/ou eletrônica) a documentação solicitada. No caso de envio físico, se deve emitir protocolo de recebimento pelo usuário para controle e posterior *follow-up* de devolução;
- Processo 5 – Controle de documentos emprestados e recebimento (devolução) – o profissional do Centro de Documentação de Projetos deve efetuar o controle dos documentos emprestados aos usuários e, quando do recebimento, efetuar o rearquivamento.

Para a Função 2 – Controle de documentos em uso:

- Processo 1 – Guarda de documentos ativos, controle de versão e comunicação – o Centro de Documentação de Projetos é responsável pela guarda dos documentos (formulários, planilhas, modelos) a serem utilizados na organização, contemplando o controle de versão e a divulgação aos gerentes de projetos;
- Processo 2 – Distribuição de metodologia – criação de mídia com a metodologia da organização e respectiva distribuição aos gerentes de projetos. Como, em geral, a metodologia é "inteligência desenvolvida na organização", sugere-se que a distribuição seja acompanhada de um termo de confidencialidade a ser assinado pelo profissional que a recebe, pois isso traz um nível maior de aculturamento, conscientização e responsabilidade profissional. Os arquivos distribuídos devem ter senha para abertura e todas as páginas, sempre que possível, devem ter identificação do profissional, evitando assim, repasses indevidos dos mesmos.

Etapa 5 – Implantação do Centro de Documentação de Projetos

Trata-se de um "projeto" que deve contemplar como principais funções: a preparação do ambiente, as aquisições (itens da estrutura), o recrutamento de profissionais, a definição dos processos operacionais e sua respectiva documentação, a preparação dos sistemas de informação, o treinamento da equipe nos processos e uso dos sistemas, a divulgação do Centro de Documentação de Projetos na organização e dos processos operacionais.

Deve-se destacar que os aspectos de segurança física e lógica do Centro de Documentação de Projetos são específicos e particulares para cada organização. Entretanto, além da segurança física dos documentos (localização com estrutura adequada), deve-se também contemplar os aspectos de acesso físico à área, acesso sistêmico, movimentação de documentos, salvas periódicas de documentos eletrônicos com armazenamento externo.

Outro aspecto que merece destaque é quanto ao profissional que coordenará as atividades do Centro de Documentação, uma vez que deve ter capacitação para catalogar, definir palavras-chave para a recuperação da informação, arquivamento, entre outras funções associadas à gestão da informação e de documentos.

Referência

TERRIBILI FILHO, Armando. *O Escritório de Projetos e o Centro de Documentação*. Meta Análise. 14 nov. 2013. Disponível em: <http://www.metaanalise.com.br/inteligenciademercado/index.php?option=com_content&view=article&id=9113:o-escritorio-de-projetos-e-o-centro-de--documentacao&catid=1:ponto-de-vista&Itemid=353>. Acesso em: 05 out. 2014.

Referências

ABPMP® – ASSOCIATION OF BUSINESS PROCESS MANAGEMENT PROFESSIONALS. Guia para o Gerenciamento de Processos de Negócio - Corpo Comum de Conhecimento. Versão 3.0, Brasil: ABPMP®, 2013.

BATEMAN, Thomas S.; SNELL, Scott A. *Administração*: novo cenário competitivo. 2. ed. São Paulo: Atlas, 2009.

CSILLAG, João Mário. Resenha bibliográfica do livro *Six thinking hats* de Edward de Bono (Boston, Little Brown, 1985), publicada na Revista de Administração da FGV (v. 28 n.1 São Paulo Jan./Mar., 1988). Disponível em: <http://www.scielo.br/scielo.php?pid=S0034-75901988000100011&script=sci_arttext>. Acesso em: 29 set. 2014.

CUMMINGS, J. N. Economic and business dimension: geography is alive and well in virtual teams. *Communications of the ACM*, v. 54, n. 8, pp. 24-26. Aug., 2011.

DAFT, Richard L. *Administração*. São Paulo: Cengage Learning, 2010.

DE SORDI, José Osvaldo. *Tecnologia da Informação aplicada aos negócios*. São Paulo: Atlas, 2003.

GLADWELL, Malcolm. *Fora de série:* outliers. São Paulo: Sextante, 2008.

GREENE, Robert; ELFFERS, Joost. *As 48 leis do poder*. Rio de Janeiro: Rocco, 2000.

HELDMAN, Kim. *Gerência de Projetos Fundamentos*: um guia prático para quem quer certificação em Gerência de Projetos. 5. ed. Rio de Janeiro: Elsevier, 2005.

LAMBERT, Douglas M.; STOCK, James R.; ELLRAM, Lisa M. *Fundamentals of logistics management*. New York: McGraw-Hill, 1998.

MANDARINI, Marcos. *Segurança Corporativa Estratégica*: fundamentos. Barueri: Manole, 2005.

MATTOS, José Roberto Loureiro de; GUIMARÃES, Leonam dos Santos. *Gestão da tecnologia e inovação*: uma abordagem prática. São Paulo: Saraiva, 2005.

MORESI, Eduardo Amadeu Dutra. Gestão da informação e do conhecimento. In: TARAPANOFF, Kira (Org.). *Inteligência organizacional e competitiva*. Brasília: UnB, 2001, pp.111-142.

OLIVEIRA, Djalma P. R. *Administração de processos*. São Paulo: Atlas, 2005.

PINTO, Donatella; FENZI, Mauro; FREGNAN, Ezio. *Project and People Management*: una guida operativa. Milano: Mc Graw-Hill, 2013.

PMI® – Project Management Institute. *Project Management Body of Knowledge (PMBOK® Guide)*. 5. ed. Pennsylvania: Project Management Institute, 2013.

PMSURVEY. 2013 Edition. Estudo de *Benchmarking* em Gerenciamento de Projetos. Disponível em: <http://www.pmsurvey.org>. Acesso em: 30 set. 2014.

RABAGLIO, Maria Odete. *Seleção por Competências*. São Paulo: Educator, 2001.

SAVATER, Fernando. *Ética para la empresa*. Barcelona: Conecta, 2014.

STOLLENWERK, Maria Fátima Ludovico. Gestão do conhecimento: conceitos e modelos. In: TARAPANOFF, Kira (Org.). *Inteligência organizacional e competitiva*. Brasília: UnB, 2001, pp.143-163.

TERRIBILI FILHO, Armando. *Gerenciamento dos Custos nos Projetos*. Coleção "Grandes Especialistas Brasileiros em Gerenciamento de Projetos". Rio de Janeiro: Elsevier, 2014.

TERRIBILI FILHO, Armando. O Escritório de Projetos e o Centro de Documentação. Meta Analise. 14 nov. 2013. Disponível em: <http://www.metaanalise.com.br/inteligenciademercado/index.php?option=com_content&view=article&id=9113:o-escritorio-de-projetos-e-o-centro-de--documentacao&catid=1:ponto-de-vista&Itemid=353>. Acesso em: 05 out. 2014.

TURBAN, Efraim; RAINER JR., Kelly; POTTER, Richard E. *Introdução a Sistemas de Informação: uma abordagem gerencial.* Rio de Janeiro: Elsevier, 2007.

ULRICH, Dave; SMALLWOOD, Norm; SWEETMAN Kate. *O código da liderança:* cinco regras para fazer diferença. Rio de Janeiro: Bestseller, 2009.

XAVIER, Carlos Magno da Silva; WEIKERSHEIMER, Deana; LINHARES, José Genaro; DINIZ, Lucio José. *Gerenciamento de aquisições em projetos*. 2. ed. Rio de Janeiro: FGV, 2010.

Siglas

ABPMP®, BPM CBOK® e ABPP® são marcas registradas da Association of Business Process Management Professionals.

COBIT® é marca registrada de Information Systems Audit and Control Association.

ITIL® é marca registrada de Axelos Limited.

PfMP®, PMI®, PMP® e PMBOK® são marcas registradas do Project Management Institute.

Índice Remissivo

5S, 96

A

adiamento, 51, 120
agradecimento, 200
 cartas, 155
alocação de profissionais, 103
Análise SWOT, 46
aquisição, 115, 116, 189, 190, 191
aquisições
 centralizadas, 116
 descentralizadas, 115
AS IS, 137
ata
 modelo, 92, 93
ata ágil, 75, 91, 93
atas de reunião, 39, 40, 91, 93, 142, 224
atitude, 60, 84, 104, 105, 165, 194, 196, 208, 212
atrasos, 60, 80, 94, 108, 164, 165, 207, 208, 210, 213
auditores internos, 64, 66

B

base de conhecimento
 conceito, 38

Lições Aprendidas, 27, 30, 34, 36-45, 75, 76, 116, 132, 168, 183, 222, 225
Benchmarking
 gerenciamento de projetos, 36, 127
 gestão do conhecimento, 27
 interno, 27, 64, 66
BPM CBOK®, 136
brainstorming, 91, 172, 173, 216
BSC, 136

C

caminho crítico, 120, 172
carreira
 projetos, 146
Casual Day, 167, 168
Centro de Documentação, 39, 40, 221-227
 funções, 222
Certificação ISO 9001, 63
CHA, 104
change management, 189
chapéus pensantes, 216
checklist, 41, 45, 46, 52, 65, 80, 89, 102, 186
cliente
 compromisso, 109

234 • *Lessons Learned* em Gerenciamento de Projetos: 40 Lições Aprendidas

coaching, 160
concorrência pública, 49, 209
conhecimento
  poder, 194
controle de projetos, 177
cooptação, 65, 66
CPI, 43
credibilidade profissional, 165
crescimento
  inorgânico, 189, 190, 191
  orgânico, 73
CRM, 124, 159
cronograma, 39, 51, 52, 59, 79, 96,
  97, 101, 119, 120, 121, 124, 125,
  137, 138, 142, 145, 146, 147, 150,
  151, 152, 159, 171, 172, 173, 179,
  193, 194, 211, 224
cronograma financeiro, 193, 194
cultura da organização, 83, 93, 210
cultura organizacional, 42
Curva S, 175, 176

D
de Bono, 216, 217
decisão
  Go/No-go, 43, 119
demissão
  abordagem técnica, 60
depoimentos 64, 79, 108, 129, 132
desenvolvimento de pessoal, 147
despesas de viagem, 41, 183, 184,
  185
Diagrama de Causa e Efeito, 216
Diagrama de Contexto, 136
Diagrama de Ishikawa, 215
dinâmicas, 108, 215, 217, 218

E
EAP, 141
e-learning, 79

equipes
  dinâmicas, 108, 215, 217, 218
equipes remotas, 77
equipes virtuais, 77, 79
ERP, 73, 99, 123, 159
  implantação, 99, 123, 124, 125
  sustentação, 99, 100, 101, 102
Escritório de Projetos. Veja PMO
Espinha de Peixe, 215, 216
Estrutura Analítica de Projeto,
  215, 216
ética, 28, 59,105, 200

F
fornecedores, 115, 116, 117, 199,
  200, 201

G
Garantia da Qualidade, 157
gerenciamento
  da integração, 34
  da qualidade, 30, 34, 35, 157, 159,
  160
  das aquisições, 30, 34, 35, 115,
  116
  das comunicações, 30, 34, 35
  das partes interessadas, 30, 34, 35
  do escopo, 30, 34, 35
  do tempo, 30, 34, 35
  dos custos, 30, 34, 35
  dos recursos humanos, 30, 34, 35,
  211
  dos riscos, 30, 34, 35
Gestão de Mudanças, 30, 189, 191
gestão do conhecimento, 27, 37, 40,
  196
go live, 99, 100, 125
Go/No-go, 43, 119
grupo de estudo, 146
Guia PMBOK®. Veja PMBOK®

I

IDC, 43
IDP, 43
imprevistos, 87, 132, 133, 169, 210
Informações históricas de projeto
  conteúdo, 44
IPO, 73
Ishikawa, 215, 216
ISO 9001, 63, 64

J

jargões técnicos, 57
Just in Time, 149

L

LASER, 196
lead time, 149, 150
lei antifumo, 180
licitação, 51, 53, 209, 210
Lições Aprendidas
  acesso e divulgação, 43
  captura, 41
  conceito, 34
  conteúdo, 44
  finalidades, 40
  PMBOK®, 34
liderança, 123, 128, 163

M

Mapa de Contexto, 136
mapa mental, 141, 142, 172
Matriz de Responsabilidades, 51
melhorias, 99-102
motivação, 91, 105, 155

N

nível de serviço, 107, 138

O

objetivos SMART, 98

operação
  início, 119, 125
organograma, 85, 102, 112

P

palestras motivacionais, 108
Partes interessadas, 30, 34, 35, 66,
  136, 160
patrocinador, 57, 63, 65, 66, 96, 111,
  112, 113, 157, 194
PCP, 124, 149
Plano de Comunicação, 64, 71, 77, 80
Plano de Integração, 59
PMBOK® 18, 30, 34, 35, 36, 66, 177,
  212
PMO, 30, 41, 69, 73, 98, 125, 189,
  191
  criação, 73
políticas de viagem, 88, 89, 183, 186
pontualidade, 79, 80, 84, 207, 210
prazos
  adiamento, 51, 120
premiação, 49, 51, 52
Procurement, 116
profissional subcontratado, 204
projeto
  alocação de profissionais, 103
  comunicação, 127
  cultura, 83
  custos, 31, 43, 89, 136, 175, 183-
  187
  informações históricas, 42, 44, 45
  patrocinador, 57, 63, 65, 66, 96,
  111, 112, 113, 157, 194
  reconhecimento, 154
  status report, 75, 95, 96, 101
Projeto Piloto, 128
projetos multipaíses, 80
Proposal Manager, 51
proposta
  gerente, 51

Q

qualidade
  revisões, 42, 160, 213
Quality Assurance, 157-160

R

reconhecimento, 154
relatório de situação de projeto. Veja
  status report
Reserva de Contingência, 89
reunião
  apresentação de projeto, 55
reuniões
  ata, 39, 93, 224
  atrasos, 80, 208, 210
  pontualidade, 79, 80, 207, 210
  preparação, 70, 218
  prévias, 71, 121
revisões de qualidade, 42, 160, 213
RLASE, 196

S

seis chapéus pensantes, 216, 217
seminário executivo, 83
sindicato, 211, 212

SLA, 107, 108, 138
SPI, 43
sponsor. Veja patrocinador
stakeholders. Veja Partes Interessadas
status report, 75, 95, 96, 101
  campos, 95
SWAT Team, 179, 180, 181

T

terceiros, 204
TO BE, 137
tomada de decisão, 95, 117, 218

V

valores organizacionais, 85
viagem
  políticas, 88, 89, 183, 186
vídeos, 108, 129
  depoimentos, 129

W

War Room, 179
WBS, 141
Work Breakdown Structure, 141